**Theophile Funck**

AF166253

# Philosophie et lois de l'histoire

Anatiposi

Theophile Funck

# Philosophie et lois de l'histoire

Réimpression inchangée de l'édition originale de 1859.

1ère édition 2023 | ISBN: 978-3-38274-410-6

Anatiposi Verlag est une marque de Outlook Verlagsgesellschaft mbH.

Verlag (Éditeur): Outlook Verlag GmbH, Zeilweg 44, 60439 Frankfurt, Deutschland
Vertretungsberechtigt (Représentant autorisé): E. Roepke, Zeilweg 44, 60439 Frankfurt, Deutschland
Druck (Imprimerie): Books on Demand GmbH, In de Tarpen 42, 22848 Norderstedt, Deutschland

# PHILOSOPHIE

## ET

# LOIS DE L'HISTOIRE

PAR

THÉOPHILE FUNCK,

MEMBRE DE LA SOCIÉTÉ MÉDICALE ALLEMANDE DE PARIS.

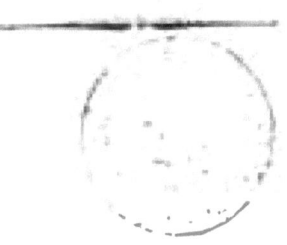

PARIS

LIBRAIRIE DIDIER ·ET· C<sup>ie</sup>,

QUAI DES AUGUSTINS, 35.

1859

# PRÉFACE.

L'erreur passe, la vérité reste ; confiant en la justesse de cet aphorisme, j'affirmerai beaucoup de choses sans m'arrêter longtemps à les prouver ; l'erreur ne mériterait pas de tels soins, et la vérité aisément s'en passe.

Le meilleur livre est celui qui répond à la pensée de tous.

Souvent je dirai des choses vieilles et connues pour arriver à d'autres que je crois neuves et utiles. Celles qui pourraient ne point paraître telles me seront pardonnées ; je cherche sincèrement le bon et le vrai.

Quant à la forme, elle sera sans doute quelquefois incorrecte et obscure; je suis cependant convaincu que l'incorrection et l'obscurité sont des signes certains de faiblesse ou d'erreur : être clair, c'est être vrai ! Malheureusement je ne puis être explicite dans l'exposé nécessairement rapide d'un système; et la philosophie restera toujours, quoi qu'on fasse, inabordable aux esprits légers; ce n'est la plus facile des sciences que pour ceux qui réfléchissent.

Je publie cet ouvrage en France et dans la langue de ce pays, parce que je dois aux historiens et aux philosophes français la partie la plus importante de ces études, et à une des belles pages de M. Augustin Thierry l'idée première des lois de l'histoire : c'est remplir un devoir que de rendre à une nation ce qu'on doit au génie do ses grands hommes.

L'AUTEUR.

# SOMMAIRE GÉNÉRAL

## PREMIÈRE PARTIE.

### LA PHILOSOPHIE.

**LA MÉTHODE.**
Les méthodes d'Aristote, de Bacon, de Descartes et de Hegel; — des facultés de la pensée; — des idées abstraites pures.

**DIEU.**
Les diverses preuves de l'existence divine; — la preuve selon la philosophie historique; — des attributs de Dieu.

**LA GENÈSE.**
État primitif de la matière; — le système planétaire; — formation du globe terrestre; — organisation et animation de la matière.

**L'HOMME.**
Sa nature animale; — sa nature spirituelle; — de

l'origine du genre humain ; — nécessité d'une in-
struction primitive ; — origine du mal et ses effets.


# DEUXIÈME PARTIE.

## LES LOIS.


### LOIS GÉNÉRALES DE L'HISTOIRE.

La loi de solidarité ; — la loi de fatalité ; — la loi
de causalité ; — la loi du progrès historique.

### LES ÉLÉMENTS DE L'HISTOIRE.

Les institutions civiles et politiques ; — la religion ; — les arts ; — les sciences ; — l'industrie
et le commerce ; — la guerre.

### LES PEUPLES.

Formation et caractère des peuples ; — influence
du climat, de la tradition et de l'origine des éléments politiques ; — développement et décadence ;
— peuples barbares, civilisés, sauvages.

### LES CIVILISATIONS.

Rapports des peuples ; — enchaînement des civi-
lisations ; — développement des éléments de l'histoire dans la succession des peuples et civilisa-
tions.

# LA PHILOSOPHIE

# LA MÉTHODE.

I. Si l'objet de la philosophie est la vérité absolue, la méthode est le procédé employé pour l'atteindre. La pensée n'est pas identique avec l'être, mais avec la méthode, qui est sa science propre ; comme telle, la méthode est sujette aux erreurs, aux hypothèses, mais susceptible aussi de découvertes nouvelles et de progrès.

De grands philosophes n'eurent point de méthode ; des maîtres logiciens furent de pauvres penseurs. La pensée, en cherchant la vérité, agit, non pas en vertu de quelques préceptes de logique, mais en vertu d'elle-même ; elle est toute entière dans chacun de ses actes ; en forçant l'ensemble de ses facultés dans l'emploi de quelques lois qu'elle connaît, elle coupe ses ailes et comprime son essor.

Et cependant une philosophie sans méthode n'est qu'un tâtonnement, quelque importants que soient les résultats ; plus la pensée se connaît, mieux elle apprend à se servir d'elle-même ; et au lieu de marcher au hasard, ou de se fier présomptueusement à son inspiration, elle atteindra d'autant plus facilement son but, la vérité, que la science d'elle-même comprendra non quelques-uns, mais tous ses principes et lois : γνωθι σέαυτον, vingt siècles après Socrate, nous répétons cet antique adage.

*Les méthodes d'Aristote, de Bacon, de Descartes et de Hegel.*

II. L'étude de la pensée dut naturelle-

ment commencer par celle de sa manifestation la plus sensible et la plus facile à
réfléchir, le langage.

Aristote recueillit le premier [1] les remar-
ques acquises par la science de son temps,
les compléta et fonda la logique, qu'il groupa
forcément autour de l'élément le plus
simple de la parole : le rapport du sujet et
de l'attribut; rapport que présente sous
une autre forme l'axiome d'identité $A = A$,
ou $A + B$ contient $B$. En affirmant
une chose d'une autre, la chose affirmée
doit être contenue dans la chose dont elle
est affirmée.

Approfondissant la portée de ce point
de départ, il découvrit la même loi dans
les rapports des jugements entre eux : le
syllogisme et ses diverses formes. La mi-
neure étant contenue dans la majeure,
la conclusion dans les deux, le raisonne-

---

[1] On a fait à tort de la dialectique de Platon une
méthode; elle est une aspiration vers les vérités
supérieures, mais sans principes et sans règles fixes
pour les découvrir et pour en prouver la justesse.

raison d'être, que d'en prouver la justesse, elle dégénéra forcément en dissection de sons et disputes de mots. Laissant à la Renaissance, non-seulement le besoin d'une méthode nouvelle, mais encore, selon l'esprit de la sienne propre, ·la découverte d'un principe unique, évident, impliquant tous les autres, Bacon rechercha l'une, Descartes découvrit l'autre.

IV. « Le syllogisme est composé de propositions, dit Bacon ; les propositions le sont de mots, et les mots sont en quelque sorte les étiquettes des choses. Si les notions mêmes, qui sont comme la base de l'édifice, sont confuses et extraites de choses au hasard, tout ce qu'on bâtit sur un tel fondement ne peut avoir de solidité. Il ne reste donc d'espérance que dans la véritable induction. [1] » Bacon fit un pas de plus qu'Aristote, qui n'avait défini que les jugements, il entrevit la nature des .idées ; mais n'ayant point cherché la cause de l'induction

----

[1] Nouv. Org. XIV.

dans la pensée, il ne sut s'élever aux principes absolus qu'elle renferme.

L'idée, résultat d'un rapport de perceptions, est certainement inductive; mais l'induction baconienne, sans raison d'être connue, sans principe, appliquée comme méthode, d'une manière absolue, à l'analyse et à la formation de tous nos concepts, ne pouvait conduire au-delà des notions empiriques provenant de nos premières perceptions. Aussi tout le système devait-il aboutir par les analyses de Locke, la hardiesse de Hume et la logique de Condillac, à cette fameuse statue produisant toutes nos idées par la seule activité des sens. Bacon lui-même avait cependant traité l'expérience sensible pure et simple de méthode d'enfants.

V. Le doute cartésien n'a pas la portée scientifique de l'induction de Bacon; il fut plus brillant que profond. Le doute, effet de notre ignorance, n'est pas une méthode; tout au plus peut-il servir de point de départ à une sévère analyse de nos connaissances; Descartes l'exagéra en rejetant la vérité des données empiriques. Et après avoir posé son célèbre *cogito, ergo sum*, comme source de toute certitude, et comme impliquant l'idée de l'être absolu, il en tira sa philosophie entière, non par le doute ni par l'induction, mais par la méthode même des scholastiques. S'il ouvrit ainsi une ère nouvelle à la science, par la simplicité de son principe, il ajouta aussi à l'imperfection de la méthode déductive, l'impossibilité de sortir d'un principe unique.

C'est en luttant contre le vice inhérent à la nature de cette méthode et contre l'insuffisance du principe même, que Mallebranche découvrit sa vision en Dieu, Spinoza sa conception de l'étendue, Leibnitz son harmonie préétablie.

Mais Kant vint, et par la méthode même, il croula tout le système, quelque parfait qu'il fût en certaines de ses parties. Il opposa les déductions affirmatives aux déductions négatives, et, ne trouvant point de terme moyen, il conclut que les principes absolus et leurs conséquences ne conduisaient à aucune certitude; que l'absolu, l'infini, le synthétique, le moi ne pouvaient aboutir au relatif, au fini, au concret, au non-moi.

VI. Fichte et Schelling, pour échapper au néant de Kant, se jetèrent hardiment dans l'extrême opposé et affirmèrent de prime abord, l'un la coexistence, l'autre l'identité du moi et du non-moi dans la raison absolue. Théories qu'ils soutinrent par des explications, tantôt obscures, tantôt poétiques, mais non par des preuves, ni par une méthode.

Par les antinomies de Kant et l'affirmation gratuite de Schelling de l'identité de l'absolu et du relatif, la méthode déductive, qui était restée essentiellement syllogistique ou analytique des idées abstraites, entra dans sa dernière phase, qu'il appartient à Hegel d'avoir formulée.

Toutes les idées appelées *à priori* ou abstraites, comme du reste toutes les idées peuvent être considérées, soit dans leur con-

tenu, soit dans leurs rapports entre elles.
L'école cartésienne n'ayant su trouver la vérité par l'analyse du contenu, Hegel crut la
découvrir par la synthèse du rapport : Toute
chose est une thèse dont la science suppose
celle de son antithèse qui la limite et la définit; toutes deux forment donc un ensemble
dans lequel l'une suppose toujours l'autre,
la synthèse.

Méthode peu sérieuse. Ou la synthèse ne
renferme que notre connaissance de la thèse
et de l'antithèse, ou elle renferme quelque
chose de plus; dans le premier cas elle ne
prouve absolument rien et ne conduit à rien
au delà; dans le second elle est entièrement
gratuite, une simple hypothèse qui ne prouve
encore rien par elle-même, et force à recourir à de nouvelles synthèses de même
nature hypothétique. Aussi tout le système
se résume-t-il en une suite de déductions
déguisées, de quelques rapports des idées
abstraites entre elles, marchant d'hypothèse en hypothèse sans pouvoir sortir de
la première affirmation.

Hegel, cherchant une autre certitude que celle définie par Kant, et contraire par cela même à l'esprit de leur méthode toute *à priori*, se perdit nécessairement dans une confusion complète entre les idées et les expressions affirmatives et négatives, entre les mots et leur valeur, et son école devint une nouvelle édition de la Scolastique, moins les données religieuses.

VII. Pendant que les penseurs de l'Allemagne s'avançaient aveuglément vers ces écueils de la raison pure, les philosophes des écoles écossaise et française, sages et prudents glaneurs dans le domaine de la science, recueillirent bien des observations précieuses ou brillantes, sans parvenir cependant à amasser une récolte complète. Employant tour à tour l'une ou l'autre méthode, s'appuyant tantôt sur tel principe, tantôt sur tel autre, il leur fut impossible de produire un tout homogène; ils n'élevèrent point de système et ne formulèrent point de méthode qui en enchaînât toutes les parties.

La plupart même s'occupèrent peu de la solution de cette question fondamentale ; ils pensèrent tout droit, et si souvent ils n'en pensèrent que d'autant plus juste, la question n'en restait pas moins irrésolue.

VIII. En face de cette impuissance, du désordre qui en découle et règne actuellement dans la science, il est du devoir de tout penseur sérieux de se demander : quel est le principe le plus profond, la meilleure méthode, et le système le plus vrai ?

De principe nous n'en avons point découvert. Nous avons vu que si nous nous élevions à la science des principes et lois par l'étude des faits, c'était aussi de l'existence des principes et lois que dérivaient les faits ; les uns se découvrent et se prouvent par les autres, rien ne se découvre ni ne se prouve par soi-même.

Cercle immense dont le centre n'est nulle part, et qui s'étend sans cesse par le travail lent et pénible des générations, par la spéculation individuelle et l'expérience journalière des peuples et des masses, formant et

rectifiant leurs croyances selon l'extension
continue de leurs connaissances. Phénomène
profond et mystérieux, soumis à des lois
certaines, et qui dérive évidemment de la
nature de la pensée de tous les hommes
dans tous les temps. — Cette méthode en
effet est la meilleure, qui présente le ré-
sumé le plus complet de tous les éléments
de la pensée générale, élevée à la hauteur
de la conscience et des efforts individuels;
nous l'appelons la méthode historique.

Quant au système, il n'est pas l'histoire de l'esprit humain, mais la science
des principes, lois et conséquences absolues ou générales, qui dominent l'humanité
entière dans son action dans les temps.
L'histoire proprement dite, point de départ de l'étude, ne sert que de preuve
lointaine et dernière à la science. La
philosophie porte sa preuve directe en elle-
même, dans l'assentiment de la pensée; et
c'est la détruire, en même temps que
fausser l'histoire, que de faire de la première une interprétation gratuite de la

seconde. Si vos inductions doivent être fondées en raison, montrez et faites-nous ac-
cepter leurs principes et règles, au lieu
de ravaler jusqu'au roman la science sévère des faits.

### Des facultés de la pensée.

IX. Toutes nos connaissances et croyances commencent par l'action que le monde
extérieur exerce sur les sens dans notre première enfance.

Mais les sensations resteraient toujours
des images confuses et vaines, sans une faculté innée qui nous rend capables de saisir
leurs rapports et leur valeur, de les distinguer les unes des autres, de les isoler pour
les réunir ensuite de toutes façons, en nous
formant les idées des choses. Cette faculté
est celle de penser, qui renferme évidemment en elle les principes nécessaires à la
connaissance de ces rapports. « Notre âme,
dit Bossuet, a en elle-même des principes
de vérité éternelle, et un esprit de rapports,

c'est-à-dire, des règles de raisonnements et un art de tirer des conséquences. »

X. Chaque sensation resterait toujours un être en soi, et nous ne percevrions qu'une variété infinie d'êtres isolés, sans aucun lien, si nous ne savions instinctivement qu'elle représente la qualité de quelque chose.

— Connaissance innée : les sensations ne nous la donnent point ; aucune ne nous dit qu'elle n'est qu'une qualité, qu'elle appartient à quelque chose que nous ne percevons, que nous ne connaissons pas.

— Connaissance antérieure à la première idée, celle-ci n'étant que le résultat d'un rapport de perception.

— Connaissance vague, indéterminée : ce n'est pas une sensation, encore moins une idée, un produit de la pensée dont c'est une condition ; ce n'est pas l'idée de substance, ni l'idée de chose, qui sont précises, déterminées, postérieures.

— Affirmation implicite, spontanée, nonréfléchie, comprise dans nos premières sensations comme dans toutes nos perceptions ultérieures, qui est éveillée par elles; la même chez tous les hommes, qu'ils parviennent ou non à lui donner la valeur d'une idée ou même un nom.

Ce premier principe de connaissance implique l'acte de penser ou l'affirmation de de l'être : rien n'est sans manière d'être; l'être simple n'est rien, comme le pensait déjà Platon.

XI. Le second principe de connaissance porte les mêmes caractères : inné, implicite, spontané, nécessaire. Par lui nous percevons toutes nos sensations comme des effets : rien n'est sans raison d'être. Mais la cause que nous supposons est indéterminée, une espèce de besoin instinctif, aussi loin de l'idée même de cause, que de toute connaissance précise. En d'autres termes, nous savons de science innée que rien ne peut exister sans une cause de son existence, une raison suffisante, mais nous nous trouvons de prime abord dans une ignorance

profonde au sujet de la nature et de l'action
de cette cause.

XII. Par le troisième principe de connaissance enfin, nécessaire, évident, inné
comme les deux autres, celui de l'espace et
du temps, nous parvenons à la certitude que
les qualités et effets perçus ont une réalité
en dehors de nous.

L'espace et le temps ne se voient, ni ne
se sentent, et la réflexion n'en produit point
la connaissance; elle ne saurait être le
résultat de rapports qui les supposent toujours. Nous ne réfléchissons l'étendue que
parce que nous pensons l'espace, nous ne
réfléchissons la durée que parce que nous
pensons le temps; l'étendue sans l'espace,
la durée sans le temps n'existent point pour
nous; la science du premier est éveillée par
les sens, celle du second par la mémoire.

C'est en vertu de cette connaissance innée que nous affirmons simultanément,
avec une égale certitude, et notre propre
existence, et celle du monde extérieur,
parce que nous percevons en nous des qua-

lités et des effets que nous appelons le moi
ou l'âme, et qui sont soumis à cette même
science absolue de l'espace et du temps,
d'une manière entièrement différente que
d'autres qualités et effets que nous appelons
le monde extérieur[1].

XIII. Le rôle de la pensée se borne à
saisir, en vertu de ces principes de connaissance, les rapports et la valeur des perceptions, mais elle ne les produit pas. Percevoir n'est pas penser; à tel point que nous
attribuons les perceptions, données simples,
directes, spontanées, à une seconde faculté
primitive, celle de sentir.

La nature de cette faculté nous est inconnue : nous ignorons, d'un côté, la con-
stitution intime de nos organes, et d'un autre, il ne nous est point donné de perce-

---

[1] L'enfant pose d'abord le moi sans le réfléchir,
sans saisir les rapports et les différences qui existent
entre son être et ses sensations; ce n'est qu'au fur
et à mesure que ses sens se perfectionnent et qu'il
s'élève à la réflexion de ces rapports qu'il comprend
et prononce le « je ».

voir notre propre essence, mais il nous est
impossible de n'en admettre pas l'existence.
Il est en nous des principes et des facultés
qui ne pouvant provenir de notre organisme
animal, se développent cependant par son
concours et réagissent à leur tour sur lui.
Cette action et réaction de notre corps et
de notre âme nécessite donc une faculté qui
unisse intimement l'âme et ses facultés
au corps et aux facultés animales qui lui
sont propres : la faculté de penser, aux sensations et à la mémoire animale ; la faculté
d'aimer, aux affections et besoins instinctifs,
et la faculté de vouloir, à la motricité du
système nerveux. Comme telle, la faculté
de sentir mériterait un nom d'une portée
plus étendue ; mais un néologisme n'ajou-
terait rien à la clarté ; le nom ou le son est
de la moindre importance.

XIV. Nous percevons certains phénomènes de nos sens, d'autres de notre organisme animal, d'autres, enfin, se passant
en nous-mêmes ; ce qui nous conduit à
distinguer dans la faculté de sentir : la

perception extérieure, le sens intime, et la conscience.

Les sensations, mouvements nerveux, indifférents, agréables ou pénibles, sont un phénomène essentiellement matériel, qui nous est commun avec tous les êtres doués d'un système nerveux. Par un procédé dont la science n'a pas encore levé le voile, la perception extérieure éprouve ces mouvements dans les organes sans en percevoir la nature, et nous acquérons l'habitude de les rapporter à leurs véritables causes, les objets extérieurs, à mesure que nous apprenons à nous servir de nos sens.

Le sens intime perçoit de même les affections et besoins instinctifs provenant de nos instincts de conservation, de relation et de reproduction, sans percevoir davantage le véhicule organique par lequel ces perceptions lui arrivent. Nous attribuons à cette même faculté secondaire les perceptions de la mémoire, souvenirs et réminiscences, empreintes laissées par les sensations passées dans le système cérébral.

La mémoire de l'âme ne saurait être autre que la perception de son existence, un produit de la conscience qui fournit à la pensée une dernière espèce de perceptions pures de tout contact corporel; c'est par elle que l'âme se sent exister dans l'espace et le temps par ses actes, ses pensées, ses sentiments et ses volontés.[1]

XV. Le caractère dominant de la faculté de sentir considérée en elle-même est la passivité. Elle ne peut donner que ce qu'elle éprouve sans cesser d'être ce qu'elle est, sans empiéter sur le domaine et le but de la pensée; ce qui entraîne cette importante conséquence que les perceptions pures et simples sont toujours réelles, vraies.[2] Les sens et nos organes sont de la matière, comme tels, dans un rapport fatal et mathématique avec le monde extérieur; les per-

---

[1] Nous reviendrons dans la suite de ces Essais, sur l'ensemble de cette théorie, qui, au premier moment, pourrait paraître téméraire.

[2] A. Garnier. Traité des facultés de l'âme.

ceptions par la conscience des actes de
l'âme dépendent nécessairement de la nature
de cette dernière. Ce sont des déclama-
tions superficielles et vaines, que celles
dirigées contre la fidélité de la perception
extérieure, du sens intime et de la conscience : ces facultés rendent ce qu'elles
reçoivent; libre à nous d'en tirer des conséquences vraies ou fausses. L'homme igno-
rant et l'homme instruit voient le soleil à
la même place ; leur perception est la
même; cependant le premier se trompe, le
dernier sait que l'astre se trouve en réalité à quelque distance plus bas ; conséquence nécessaire des lois de la lumière,
fort en accord avec la donnée de l'organe.

Les simples perceptions, quoique vraies
en elles-mêmes, sont cependant imparfaites
au point de vue de la science absolue; elles
ne nous montrent point la nature des
choses. Leur valeur est nécessairement en
rapport avec nos facultés et nos moyens de
connaissance, et, conséquence immense
pour les progrès scientifiques en propor-

tion de nos connaissances mêmes : un laboureur découvre un os fossile, Cuvier y voit toute une race éteinte et une époque du monde.

XVI. Percevoir ou sentir, c'est affirmer implicitement l'existence des choses.

Penser, dans la plus simple acception, c'est saisir spontanément les rapports et la valeur des perceptions en vertu des principes de connaissance et de leurs conséquences nécessaires, les lois et axiômes de la pensée; c'est produire des notions, des concepts, des idées en un mot.

Juger, c'est pour ainsi dire penser en seconde instance, saisir en vertu des mêmes principes et lois, les rapports d'idées formées, devenues comme telles l'objet de nouvelles perceptions; c'est affirmer une chose d'une autre, comme dit l'école : en tant que perçues et pensées, devrait-elle ajouter; car le jugement ne précède ni n'engendre l'idée; il la suit et l'exprime. La formation des idées revient à l'action instinctive de la pensée, qui renferme dans

son plus simple acte, comme nous le verrons, les facultés d'expérimenter et d'abstraire, les principes de connaissance et les
lois qui en découlent. Le jugement est
la transition de l'idée à la parole; c'est
par lui que la pensée se guide, mais ce
n'est point par lui qu'elle se forme. S'il
suffisait de juger pour faire progresser la
science, nous n'en serions plus à ces questions élémentaires.

Produire un enchaînement de jugements,
c'est raisonner; tandis que réfléchir c'est
percevoir, penser, juger tour à tour. Toutes
ces distinctions, qui sont régies par la
même loi fondamentale de la pensée et
les mêmes principes de connaissance, ne
sont utiles que pour préciser davantage
les divers degrés de l'action de penser.

La perception et la pensée considérées
dans leur rapport et leur action sont appelées faculté de connaissance; dans leur
effet immédiat, intelligence.

XVII. Percevoir étant affirmer l'existence
des choses et en même temps la condition

première de l'acte de penser, l'affirmation
de la simple perception implique l'existence
même de la pensée. La négation n'en est
qu'un résultat relatif ; elle suppose toujours un rapport d'idées formées, un jugement donné. Un rapport quelconque de
deux choses étant donné, nous le nions,
tantôt parce que nos perceptions ou connaissances ne nous permettent pas de
le saisir, tantôt parce que, par nos perceptions ou connaissances mêmes, nous
saisissons son impossibilité. Dans le premier cas, la négation se réduit à une affirmation vague ; dans le second, à une
affirmation précise de nos perceptions ou
connaissances ; conséquence de notre ignorance dans l'un, elle en est une preuve
dans l'autre.

Il n'y a que des jugements négatifs, il
n'y a point d'idées de ce genre ; toutes les
expressions négatives se réduisent toujours
à un rapport d'idées affirmatives formées.

XVIII. Un rapport de perceptions directes formant un tout indépendant, ayant

sa raison d'être dans la nature des choses, constitue une idée particulière.

Les idées collectives sont formées par les conceptions de qualités communes à diverses choses isolées.

Les idées générales sont produites quand la pensée, en vertu de son pouvoir d'isoler les unes des autres les perceptions, ne considère dans les choses collectives que les qualités communes, et fait par cela même abstraction de celles qui distinguent ces choses entre elles.

Les perceptions par la conscience des actes de la pensée forment enfin la quatrième espèce d'idée : les idées abstraites proprement dites, dans lesquelles abstraction est faite de toutes les qualités que nous pouvons ne penser pas; ou plutôt, ce sont les idées que nous nous formons par les perceptions des lois de la pensée se manifestant dans ses actes : être, cause. substance, nombre, étendue, durée, par exemple.

XIX. Autre chose est l'action spontanée, non réfléchie de la pensée en vertu des prin-

cipes de connaissance et des axiômes et lois
qui peuvent se manifester dans cette action :
autre chose est leur science, ou la formation des idées correspondantes; lesquelles
sont un produit de notre attention, de notre
pouvoir de diriger par la volonté les facultés de sentir et de penser en cherchant à
nous élever à la connaissance des choses.
C'est la confusion entre ces deux états si
différents qui a conduit de nombreux philosophes à conclure aux idées *à priori* ou
innées. Les idées, produit de la pensée, ne
sauraient exister antérieurement à son action; elles sont donc nécessairement relatives
à nos efforts. Nous pouvons déclarer un
grand nombre des idées abstraites absolument nécessaires comme lois, mais comme
idées elles n'ont rien d'absolu, elles peuvent ne pas exister, être vraies ou fausses.

XX. Quant à la division des idées en
synthétiques et analytiques, elle serait fondée si toutes nos idées n'étaient pas analytiques dans leur formation et synthétiques
comme idées, et de plus, synthétiques dans

l'objet. La couleur d'une chose appartient tout aussi intimement à la nature de la matière, que l'idée de trois angles à celle d'un triangle; mais notre manière de réfléchir l'un et l'autre de ces rapports est nécessairement différente, selon la nature des données. C'est donc dans les rapports des idées, dans les jugements, qu'il y a une différence réelle, non dans l'idée. Que l'attribut dans notre manière de réfléchir soit contenu en tout ou en partie dans le sujet, cela n'ôte et n'ajoute rien à la valeur de l'opinion formée, mais c'est un point d'appui fort utile pour son analyse, une règle générale de critique.

Il y aurait encore de nombreuses divisions des idées et jugements à relever, mais elles sont de minime importance. La logique est un peu comme la statue à la tête d'or et aux pieds d'argile.

XXI. A ces nombreuses divisions, souvent inutiles, l'analyse un peu au hasard qui caractérise la philosophie moderne en ajouta d'autres plus embarrassantes encore.

L'entendement, l'intellect, la raison, l'in-
tuition, le jugement, le sens-commun,
le bon sens, etc., ont été distingués
dans la même faculté. Les phénomènes de
la pensée sont fort simples, considérés en
eux-mêmes; ils ne deviennent complexes
que par leurs rapports avec notre organisme,
et par leur dépendance des deux autres
facultés primitives, celle d'aimer et celle de
vouloir; ce qui ne nous autorise en rien
cependant à distinguer dans la seule pensée
autant de facultés que de rapports. Ce ne
sont pas des noms, ce sont des lois qu'il
faut.

XXII. Par la faculté d'amour la pensée
reçoit dans la sphère la plus élevée de son
action, un mobile sans lequel elle se bor-
nerait à la satisfaction, toujours momentanée de nos soins physiques.

Les principes de cette faculté sont les désirs du vrai, du beau et du bien, que les
sens éveillent, et que la pensée développe
jusqu'à en former des sentiments qui, à leur
tour, devinnent de nouveaux leviers pour

elle : Le bon sens, la raison, l'idéal, la vertu sont des résultats de ce rapport simple et profond; ce sont, à des degrés divers, l'expression des sentiments mêmes du vrai, du beau ou du bien.

Mais les désirs sont innés et sans bornes. C'est à la satisfaction de ces instincts sublimes qu'est attachée cette jouissance profonde, le bonheur, que nous pressentons, que nous poursuivons sans cesse, sans jamais pouvoir l'atteindre, et que nous nommons comme tel : foi et espérance.

Le vrai est ce qui est, définition métaphysique. Pour l'homme destiné à s'élever par ses efforts à la science de ce qui est, le vrai est la connaissance de toutes choses. Le beau est la splendeur du vrai, dit Platon; il en est plutôt l'amour; le reflet de Dieu dans l'âme et la nature. Le vrai et le beau dans les actes d'êtres libres, c'est le bien.

Comme but, ils sont identiques et constituent la perfection que les hommes atteindraient fatalement sans la quatrième faculté primitive : le libre arbitre.

**XXIII.** Nous ne pouvons enfreindre les lois de la pensée, mais nous pouvons les confondre, en avoir une fausse science ; nous pouvons saisir les rapports des perceptions d'une manière ou d'une autre, attribuer à telle idée des qualités qui n'appartiennent qu'à telle autre ; en un mot nos efforts peuvent être dictés par un plus ou moins grand amour du vrai, du beau et du bien ; nous pouvons produire des idées vraies et fausses. Les hommes sont libres, et librement ils s'élèvent à la science des choses, aussi bien du monde que d'eux-mêmes.

La liberté est le pouvoir de rechercher le vrai, le beau, le bien, ou de ne le faire pas.

Peu importe pour le moment la nature et l'origine de l'erreur et du mal, l'influence de la société et de l'éducation, les rapports entre l'action individuelle et l'action sociale, le fait est là : l'idée peut être vraie ou fausse; sans le libre arbitre l'homme ne serait qu'une machine à connaissances.

Mais si le rapport entre la libre volonté et les autres facultés peut engendrer l'erreur, c'est également dans ce rapport, et pris dans toute son étendue, que l'esprit puise la force pour la combattre et la détruire. Une ferme volonté, un ardent amour du vrai, une pensée persévérante sont le secret de la méthode, tout le reste n'est que règles.

XXIV. Le recours méthodique, continuel, dans la formation et l'analyse de nos idées, à la faculté de sentir, aux données toujours vraies en elles-mêmes de la perception extérieure, du sens intime et de la conscience, constitue l'expérience. Elle sert de fondement à nos moyens de juger et d'étendre nos connaissances et croyances. Car si les idées peuvent être vraies ou fausses il n'en est pas de même des perceptions : nos facultés de connaître, actives et libres dans la formation des premières, ne le sont pas dans celle des secondes, du moins, elles ne le sont qu'en tant qu'elles s'y arrêtent par la volonté et s'y concentrent par l'attention ; mais elles ne peuvent ressentir d'une manière ou d'une autre une simple et même perception, qui ne dépend pas comme telle de la volonté mais de la nature de l'âme.

XXV. La recherche des qualités générales et fondamentales des choses, de leurs lois et principes constitue l'abstraction. Elle prend sa source dans le pouvoir qu'a la pensée d'isoler et de comparer les perceptions, et repose sur les perceptions de qualités communes et sur celles des actes mêmes de la pensée dans ses rapports avec la science acquise.

C'est à elle que l'homme doit, non-seulement ses sciences, mais encore sa grandeur et sa force. Elle le porte aux analyses les plus profondes, aux conceptions les plus larges, et n'est limitée que par ses propres conditions : les trois principes de connaissance et l'acte même de penser.

XXVI. L'expérience sans l'abstraction ne donne que la connaissance de choses isolées, et celle-ci sans la première est nécessairement vide, comme dit Kant, sans données.

L'abstraction est à l'expérience ce que les principes de connaissance sont à la

simple perception; elle lui donne un lien
et une valeur; c'est en grand le même phénomène, la même loi. Nous ne com-
prendrons jamais assez toute la grandeur et toute la simplicité de la pensée!

Leviers de toutes nos connaissances,
l'expérience et l'abstraction ne peuvent être
distinguées que momentanément; l'une suppose toujours l'autre et la nécessite. Il y a
une espèce d'abstraction irréfléchie, spontanée, dans la distinction des perceptions
et dans la formation des idées particulières
et collectives par l'expérience. De même il y
a un véritable élément empirique non-seulement dans les perceptions des qualités
communes formant les idées générales et
dans celles des actes de la pensée, mais
encore dans celles des idées générales et
abstraites formées.

Si les hommes, avec la science qu'ils
possèdent, se contentaient de la seule
expérience, ils continueraient à découvrir
des faits en grand nombre, à acquérir de
nouvelles idées particulières et collectives,

à s'enrichir de données premières, sans
cependant sortir de leur science actuelle,
parce que ces conquêtes les grouperaient
forcément autour des idées générales, éléments, principes et lois connues, découvertes par abstraction. Par l'emploi exclusif
de cette dernière, au contraire, ils saisiraient
de nouveaux rapports entre les idées acquises, mais sans aucune nouvelle preuve
ou certitude; produisant, de nouvelles idées
générales et abstraites, ils se trouveraient
toujours en face de la même quantité de
données premières.

XXVII. L'induction et la synthèse, la
déduction et l'analyse, ne sont que l'expérience et l'abstraction considérées dans leurs
rapports avec les connaissances acquises.

Induire, c'est saisir spontanément, en
vertu de notre faculté d'abstraire, les qualités communes à des choses, à des idées,
à des faits isolés. Synthétiser, c'est procéder entièrement de la même manière;
mais dans la synthèse l'abstraction est sup-
posée faite, et l'induction est formulée.

Déduire, c'est retourner au même ordre
d'idées qui ont engendré une induction on
une synthèse; c'est expérimenter, pour ainsi
dire, une idée générale ou abstraite dans
ses rapports avec nos autres idées. Ana-
lyser, dans les sciences abstraites, c'est déduire; dans les sciences empiriques, c'est
recourir aux perceptions, soit de la conscience on du sens intime, soit de la perception extérieure; c'est rechercher le contenu élémentaire d'nne idée ou d'une
chose.

Employées exclusivement, toutes ces méthodes conduisent aux théories les plus
chimériques. Mais prises isolément, dans
certains cas donnés, elles offrent de grands
et beaux résultats. Il suffirait de citer les
synthèses de Cuvier, les inductions de
Newton, les déductions de Kant et les
analyses de Lavoisier, pour en montrer
toute la valeur. Cependant, tous ces grands
génies n'ont fait que de l'expérience et de
l'abstraction bien entendues, et toutes leurs
belles découvertes ne sont vraies qu'en tant

qu'elles sont prouvées selon les lois qui régissent l'expérience et l'abstraction.

XXVIII. La preuve par l'expérience, qui ne repose que sur des perceptions directes, n'a pas la portée absolue des lois de la pensée; cependant elle s'élève jusqu'au nécessaire : l'attraction moléculaire, la pesanteur, ne fut certes point autrefois une qualité nécessaire de la matière; elle l'est aujourd'hui; chaque preuve qui concourt à l'établir est particulière, isolée, ne se rapporte qu'à certains faits, toutefois, en se confirmant dans tous les cas qui peuvent être imaginés, elle devient l'idée d'une qualité constituant la nature même de la matière, parce qu'il est dès ce moment impossible d'imaginer de la matière, dans un cas quelconque, sans cette qualité. Tous les cas qu'il est au pouvoir de l'expérience de présenter ne sont évidemment pas tous les cas possibles, qui sont en nombre infini, et constitueraient l'absolu; mais, notre pensée est ainsi faite, pour être convaincus, nous ne pouvons plus demander la preuve par

tous les cas possibles, celle par tous les
cas imaginables étant donnée. C'est un
cercle d'où il n'y a pas moyen de sortir;
le doute serait de la folie, et la vérité
prouvée devient une vérité objective nécessaire.

**XXIX.** La certitude qu'emporte la preuve
empirique dans la démonstration des idées
générales dérive de la nature des idées
particulières et collectives, qui toutes sont
nécessairement, subjectivement et objec-
tivement vraies, quand nous ne leur attribuons que des perceptions simples et
directes, et l'affirmation implicite des principes de connaissance. Douter de ces idées
serait douter de notre propre existence et
de celle du monde extérieur. Elles sont
vraies et nécessaires à nous, hommes, du
moment que nous les produisons et que
nous en conservons la mémoire en pleine
conscience de nos actes.

Si nous n'employons pas le mot nécessaire dans son acception métaphysique,
c'est qu'il faut rappeler un peu à la réalité

la spéculation philosophique. Toutes les idées absolues ne sont pas nécessaires à l'existence de l'homme comme idées, mais bien toutes les idées particulières et collectives formées, parce qu'il n'en saurait douter sans se détruire lui-même.

Les idées générales, non confirmées dans tous leurs éléments par une expérience directe, n'ont évidemment d'autre valeur que celle dérivant de leur mode de formation. Les objets dont les perceptions donnent lieu aux idées générales existent, mais ils n'existent pas sans d'autres qualités, dont nous avons cependant fait abstraction en produisant ces idées[1]. Elles ne possèdent donc comme telles qu'une valeur toute idéale, hypothétique.

XXX. La preuve abstraite repose entièrement sur la science que nous possédons des lois qui régissent les actes de la pensée. C'est plutôt une explication qu'une preuve; la pensée agissant selon ces mêmes lois

[1] XVIII.

n'en aurait pas besoin pour être convaincue.
Mais si les hommes acquiescent instinctivement à la vérité, ils doivent également
être mis à portée de la comprendre, et
c'est là un des mérites de la preuve abstraite : elle est une déduction de principes
évidents, au moyen d'autres principes qui
portent le même caractère. Comme elle ne
sort cependant pas de la pensée même, elle
devient inutile et ne persuade plus du moment que celle-ci refuse son assentiment.

La preuve abstraite n'atteint toute sa
portée que quand elle est susceptible d'une
confirmation par la preuve empirique,
comme dans les mathématiques par exemple;
elle reçoit alors une valeur objective et en
même temps elle élève cette dernière jusqu'à
la hauteur de l'absolu, la complète pour
tous les cas possibles, inconnus, infinis.

Il est des cas cependant, dans le même
ordre d'idées, en morale surtout, où la vérité
à démontrer comprend la possibilité d'une
preuve empirique, sans que nos faibles
moyens nous permettent de la donner; alors

la valeur de la preuve abstraite reste naturellement subjective, idéale, hypothétique, la
même que celle des idées générales qu'une
expérience parfaite ne confirme point.

XXXI. Enfin il est des idées qui échap-
pent à toute preuve ou explication abstraite,
parce qu'elles sont les derniers produits
de l'abstraction même; ce sont les cinq
idées abstraites pures : Être, Substance,
Cause, Infini, Éternité; il n'existe point
dans la pensée d'élément qui leur soit supé-
rieur. En percevant les choses nous disons
qu'elles sont, et abstraction faite de ces
choses, nous disons que l'être est; en les
percevant comme des qualités et des effets,
nous déclarons qu'elles ont une substance
et une cause; en les percevant en rapport
avec l'espace et le temps, auxquels nous
ne connaissons point de limites, nous disons qu'elles sont dans l'infini et l'éternité.
Mais ni l'être, ni la substance, ni la cause,
ni l'éternité, ni l'infini, abstraction faite des
perceptions, ne renferment évidemment aucun élément de science directe. La pensée

s'y réfléchit dans l'inconnu, dans une solitude sans bornes qu'elle n'anime que par des théories fondées sur une science indirecte, par ses sentiments ou par la tradition. Ces idées constituent, sous des formes diverses et multiples, le fond de toutes les croyances des hommes.

XXXII. Faisons cependant une restriction importante, qui ne fût que trop négligée par toutes les philosophies dogmatiques et sceptiques : si ces idées sont vides, si nous ne possédons aucune notion directe de la nature de leur objet, si elles ne représentent qu'un besoin immense de savoir absolu, du moins, l'action de la pensée et les principes de connaissance dont elles dérivent sont évidents; et la science des lois, grâce auxquelles nous les produisons, est soumise à nos efforts. Nous pouvons la rectifier et l'augmenter, parce que la pensée, telle qu'elle est, implique toujours la preuve empirique, que son rapport avec la preuve abstraite élève à la hauteur de l'absolu. Si d'éminents penseurs n'entrevirent point de lien entre l'absolu et le relatif, il n'est pas dit que ce lien n'existe pas.

XXXIII. A la question des preuves est intimement unie celle de la certitude, dont quelques esprits impatients ont fait à tort la question fondamentale de la philosophie; elle n'en est qu'une des nombreuses données, et son résultat dernier. Comme donnée, la certitude est la même chez tous les hommes, — instinctive; mais comme résultat, elle est nécessairement relative à la valeur de nos connaissances, et celle d'un Leibnitz n'est plus la même que celle d'un paysan. La certitude, aussi bien que les preuves abstraites et empiriques, est en rapport avec nos connaissances acquises, et son progrès dépend des mêmes lois qui régissent l'expérience et l'abstraction comme leviers de toute science. Une certitude parfaite et absolue ne saurait être que le résultat d'une science parfaite.

XXXIV. La loi la plus générale du développement de la science humaine ré-

sulte de l'accord entre l'abstraction et
l'expérience, et comme facultés de connaissance, et comme preuves : Nous nous
élevons au-dessus des données empiriques
par notre faculté d'abstraire, en formant des
idées générales et abstraites; mais, tendant
également à la certitude, nous revenons nécessairement à l'expérience, qui confirme
nos inductions quand elles sont justes, les
permet quand elles sont possibles, les
rejette quand elles sont fausses [1].

Par ce retour nous acquérons des données nouvelles, dont la partie augmente en
proportion des connaissances acquises [2].

Quel que soit l'objet des diverses
sciences, toutes se développent nécessairement à travers les générations de la
même manière, les sciences mathématiques
et physiques, aussi bien que les sciences
sociales et spéculatives. Si pour les unes
l'abstraction est fort simple et l'expérience

[1] XXVIII, XXIX. XXX.

[2] XV.

facile, si pour les autres la première est
plus profonde et la seconde d'autant plus
vaste, cela n'infirme en rien la justesse de
la loi; la science qui ne procéderait d'après
elle resterait stationnaire et tournerait en
vain dans le cercle de ses données.

XXXV. Cette loi n'est pas détruite davantage par le spectacle, en apparence si
irrégulier, si plein de désordre et de
hasard des croyances, préjugés et erreurs
des hommes.

De tout temps les hommes eurent une
grande soif de savoir, qui dérive tant
de leurs besoins physiques que des désirs
innés du vrai, du beau, du bien et des
principes même de connaissance. Poussés
par les uns et les autres vers une solution
définitive sur l'origine et la nature des
choses, et méprisant l'emploi consciencieux
de leurs facultés de connaissance, ils élevèrent les théories les plus éphémères,
les hypothèses les plus étranges. Ensei-
gnées d'abord, léguées ensuite par tradition, elles furent reçues par les uns avec

aveuglement, par d'autres avec confiance,
jusqu'à ce que de nouvelles conquêtes les
fissent modifier, bouleverser ou rejeter, en
donnant lieu à leur tour à de nouvelles hypothèses et théories.

XXXVI. En fait, les hommes jugent de
la vérité ou fausseté des choses par les
facultés et connaissances qu'ils possèdent.
Si donc, bien des croyances sont regardées
comme des connaissances certaines, c'est
qu'il suffit, pour que la vérité d'une chose
soit possible, qu'elle soit simplement un
produit de la pensée non contraire aux
données de l'expérience; et pour qu'elle
soit regardée comme certaine, qu'elle se
trouve intimement unie par les liens de
l'éducation, de l'état social ou de nos passions à des vérités évidentes et certaines,
liens que notre faible science ne nous
permet guère de rompre ni même de sentir. Si, au contraire, bien des connaissances certaines sont regardées quelquefois,
sinon comme des erreurs, du moins comme
une vaine pâture des esprits curieux et

faibles[1], c'est alors de la présomption ou
de la paresse. Comme la vérité, la science
est une; nulle branche n'est la première,
aucune n'est la dernière; toutes s'enchaînent
et se lient.

XXXVII. Du reste, quelle que soit la
confusion que nous fassions entre les unes
et les autres, entre nos connaissances et
nos croyances, entre les vérités certaines
et incertaines, quelles que soient les milles
conséquences vraies ou fausses que nous
puissions en déduire, elles nous entraînent malgré nous dans le progrès qui
résulte de leur nature propre.

Les connaissances certaines, celles qui
comprennent toutes les idées abstraites
confirmées par les perceptions directes, et
toutes les idées empiriques démontrées
par une expérience parfaite, ne peuvent
pas ne pas être admises une fois suffisamment établies et prouvées; elles impliquent l'existence des choses, nous ne
saurions en douter sans douter de nous-

[1] Bossuet.

même et du monde extérieur. Elles sont
nécessaires et immobiles comme les choses
mêmes et ne peuvent que s'accroître [1].

Au contraire, les croyances, hypothèses,
erreurs, qu'aucune expérience ne confirme
ou n'établit suffisamment, sont essentiellement subjectives, individuelles, mobiles,
sans fondement autre que nos besoins et
nos désirs; passagères avec les événements
historiques, elles fuient sans cesse devant
l'expérience et l'abstraction bien entendues,
devant les conquêtes réelles de la science,
qui modifie les unes ou rejette les autres,
à mesure qu'elle étend son domaine.

XXXVIII. Ce progrès est encore hâté
par la nature des idées générales. Nous
n'avons plus besoin de faire tous les tra-
vaux des Galilée, des Cuvier, des Newton,
pour nous approprier leurs grandes découvertes, une courte expérience suffit à leur
compréhension. Ainsi les idées générales
résument un grand nombre de faits parti-

[1] XXVIII, XXIX.

culiers, à la science desquels nous parvenons du coup, en même temps qu'elles
sont de nouveaux leviers pour nous élever à d'autres découvertes.

Ces admirables effets des idées générales s'étendent non-seulement jusqu'au
développement de la science, mais encore
jusqu'aux moyens physiques de la con-
server, de l'augmenter, de la propager.
Toutes les grandes découvertes modernes
ne sont que l'application d'idées générales
vraies, conformes à la nature des choses.
Le genre humain a le globe à son service
pour parvenir à la connaissance du monde.

XXXIX. La grande diffusion même des
sciences, loin de s'opposer à cette marche
ascendante ne fait que la régulariser, la
rendre plus générale, plus facile. On a dit
que les grands génies sont aujourd'hui
impossibles, parce que leur intelligence
ne parviendrait plus à réunir en un seul
faisceau toutes nos connaissances. Plus
les sciences se détaillent, plus elles se rap-
prochent de la simple perception qui est

indécomposable, et formuler une simple
perception dans tous ses rapports c'est en
faire une idée générale et une loi. Chacun
tend naturellement, quelque divers ou res-
treint que soit son cercle, à se résumer;
et, s'il le fait avec succès, il rend la tâche
d'autant plus facile à d'autres.

XL. Beaucoup de préjugés et d'erreurs
ont disparu, de nombreuses et brillantes
découvertes ont été faites; et cependant,
emportés par leur soif de savoir et de certitude, par leurs passions, leurs vices et
leurs vertus imparfaites, les hommes s'élan-
ceront longtemps encore au delà de l'emploi sérieux de toutes leurs facultés, de
la recherche souvent pénible de toutes les
données certaines. Ils préconiseront de nouvelles hypothèses, de nouvelles croyances,
qui suffiront aux uns, seront combattues
par les autres, jusqu'à ce qu'elles dispa-
raissent, étouffées à leur tour dans l'étreinte
du progrès lent et continu résultant de
la nature de la pensée générale. Comme
un grand fleuve charrie des sables, qu'il

dépose dans son parcours, ainsi la science
avance vers un océan de lumière.

La nature des choses ne change point,
et le but de la pensée reste invariablement
la connaissance de toutes choses, la certitude absolue; s'il y a des limites à nos
facultés et à nos efforts individuels, il n'y
en a point d'assignables aux conquêtes du
genre humain.

XLI. Dire que les hommes ne parvien-
dront jamais à connaître le fond des choses,
c'est affirmer gratuitement et d'une manière
absolue ce qui est en question; pour le
prouver il faudrait évidemment une connaissance parfaite de toute la science possible. De plus, c'est rejeter les idées d'être,
de substance, de cause, d'infini, d'éternité,
produits de la pensée réfléchissant ses propres lois, et comme telles, sujettes à son
action, capables d'être de mieux en mieux
analysées et définies.

XLII. Du reste les données de la philosophie historique ne sont pas plus ces
quelques idées abstraites, que sa méthode

ne consiste en quelques déductions vaines
ou en un certain nombre d'inductions ha-
sardées.

A la question adressée à toute philosophie : quelle est la nature et la raison
d'être dans l'espace et le temps du monde,
du genre humain et de nous-même ? La
philosophie historique n'est autorisée à
répondre qu'en tant qu'elle se fonde sur
une science directe et générale de tous les
éléments de la question même.

Les données de la philosophie historique
sont donc toutes choses; toutes les connaissances et croyances des hommes, telles
que l'histoire les a conservées et telles
qu'elles se sont manifestées par leurs effets,
dans l'époque actuelle, dans les grandes
conquêtes faites par les sciences exactes,
dans des études profondes sur la nature des
peuples et des sociétés, dans des systèmes
entiers de spéculation et de politique.

Et la méthode est, autant que possible,
celle de tous les hommes, celle-là même
qui a engendré toutes leurs erreurs et toutes

leurs conquêtes ; mais, découverte dans son action fatale et mystérieuse, elle élève jusqu'à la hauteur du mouvement historique la conscience et le pouvoir du plus faible penseur. Plus la science de la méthode est conforme à l'esprit humain, plus nous apprenons par elle à nous préserver des erreurs et à hâter le progrès général.

XLIII. La spéculation individuelle, pour parvenir à une solution fondée en fait et en raison, doit donc examiner une à une toutes les données de la philosophie historique ; rejeter irrévocablement comme erreurs toutes celles contraires à l'expérience et à la science certaine des lois de la pensée [1]; tenir compte des hypothèses et croyances que ni notre science des lois de la pensée, ni une expérience suffisante ne prouvent parfaitement, peser le pour et le contre, chercher et préciser franchement leur degrés de probabilité et n'en tirer aucune conclusion définitive. Elle doit

[1] XXVIII-XXXI.

admettre comme certaines, nécessaires à
nous, hommes, les connaissances prouvées
par une expérience parfaite, démontrées
dans tous les cas imaginables; et enfin
déclarer absolument vraies celles qui sont
d'accord et avec les lois de la pensée et
avec la preuve empirique. Tel est son
devoir en face de la science.

En face d'elle-même il est non moins
grand et plus difficile peut-être ; elle doit
s'isoler complètement de l'influence sociale
qui l'entraîne, des intérêts qui l'aveuglent
et des passions qui l'emportent ; elle doit
se fortifier autant dans ses désirs du vrai,
du beau et du bien, qu'elle doit purifier
ses sentiments et ses mobiles.

Alors, et alors seulement, elle aura le
droit d'élever toutes ses données et connaissances acquises les unes à la hauteur
des autres par de nouvelles expériences
et abstractions, par la formation d'idées
nouvelles, en suivant toujours les mêmes
principes et lois de la méthode, des données et du système général, jusqu'à par-

venir à concevoir tout leur gigantesque
ensemble, et leur profond accord dans
l'espace et le temps; jusqu'à parvenir à
rendre la science, comme la vérité, une
et indivisible. Et alors enfin elle pourra
répondre : telle est l'origine et la nature
du monde et du genre humain, en tant
que l'état actuel de la science nous permet
de l'affirmer! Et l'histoire, qui lui a servi
de point de départ, couvrira à son tour sa
réponse de toute son autorité. « Cette
théorie seule sera la vraie, qui rendra
compte de tous les faits. »

XLIV. Synthèse immense, qui est possible, qui est là, qui existe, que chaque
société, chaque époque, chaque peuple,
renferme à un degré divers. Mais de longtemps sans doute, ni les forces ni les prétentions de la spéculation individuelle n'en
donneront l'exacte formule; la synthèse
c'est le génie. Sa découverte restera aux
efforts lents et pénibles d'autres générations.
Toutefois, quelque faible qu'il soit, c'est un
pas vers elle, que la certitude de son exis-

tence et la connaissance de quelques-unes
de ses lois.

Aussi notre ambition se borne-t-elle à
indiquer la voie plutôt qu'à la suivre, à
placer quelques jalons sur une route que
d'autres parcourront avec plus de succès,
et qu'inaugura Pascal par cet admirable
passage : « Les sujets qui tombent sous
les sens ou sous le raisonnement sont pro-
portionnés à la portée de l'esprit; il trouve
une liberté entière de s'y étendre, sa fé-
condité inépuisable produit continuellement,
et ses inventions peuvent être tout ensemble
sans fin et sans interruption. » Méthode
qui, si bien définie dans sa nature par l'un
des deux plus grands penseurs de la philosophie française, fut non moins bien
réglée dans son essor par l'autre : « Ne
recevoir jamais aucune chose pour vraie
que je ne la connusse évidemment être
telle. » Sages paroles de Descartes, règle
aussi profonde que fertile en beaux résultats, qui restera toujours la grande
maxime de la science, mais à la condition

de nous conduire vers la synthèse de nos
connaissances certaines, et non au doute
universel ou à l'affirmation de l'être absolu
de notre faible raison.

XLV. Certes nous demandons beaucoup
aux forces individuelles, en exigeant qu'elles
s'élèvent, non-seulement à la hauteur du
mouvement général, mais encore jusqu'à
rendre compte de la science universelle,
jusqu'à en pénétrer les lois et les suivre.
Mais là est la vérité, comme méthode
et comme système : toute autre méthode,
exclusive, artificielle, non conforme à
la pensée générale, comment pourrait-
elle conduire à autre chose qu'à des
croyances ou des chimères, quand la vérité
consiste dans l'accord profond entre le
monde subjectif des idées et le monde
objectif des choses; quand tous nos moyens
de connaissance se résument dans les lois
de l'expérience et de l'abstraction, et que
la preuve, pour être valable, exige la perception directe, ou l'accord avec les lois
de la pensée et les connaissances acquises ?

Quand, enfin, il n'y a point de faux, point de contradiction, point de négation dans le monde des choses , comment pouvons-nous prétendre enseigner la vérité absolue, aussi longtemps qu'il existe un élément inconnu , contradictoire ou négatif dans notre science?

Les connaissances certaines des hommes augmentent d'une manière continue , et tendent sans cesse aussi à se simplifier ; progrès que la spéculation ne hâte donc qu'en se conformant à ses lois, et qu'elle retarde, au contraire, sans pouvoir le changer, par l'emploi de méthodes exclusives, et par des prétentions mal fondées à la vérité. Tel est le caractère de la méthode historique comme guide de la spéculation individuelle. Elle n'a de limites que dans nos efforts et dans nos facultés. Mais, prise en général, elle n'en a point d'assignables dans les temps.

Si nous sommes parvenu à montrer cette conséquence nécessaire de l'action incessante des facultés de connaître de l'es-

prit humain, il nous reste à montrer qu'il
n'y a également point de bornes à nos
facultés d'intelligence de la nature des
choses; facultés qui prennent leur source
dans les trois principes : connaissance de
qualités, d'effets, de l'espace et du temps,
et constituent la partie métaphysique de la
méthode.

*Des idées abstraites pures ou métaphysiques.*

XLVI. Chacune de nos perceptions implique l'affirmation irréfléchie que son objet appartient à quelque chose, qu'il est
l'effet de quelque chose, qu'il est en rapport
avec l'espace et le temps. [1] Ces principes
éveillés par nos premières perceptions,
impliqués dans toutes les autres, sont innés
et absolus. Ce sont les pôles de notre analyse, au delà se trouve le vide.

Sans eux, la pensée ne pourrait jamais
parvenir ni à la connaissance, ni à la ré-

[1] **X, XI, XII.**

flexion des choses. Rien ne nous dit dans
la simple perception, prise en elle-même,
qu'elle est inhérente à une chose que nous
ne pensons, ni ne connaissons; rien
ne nous dit encore qu'elle est l'effet de
quelque chose dont la science ne nous
est point donnée davantage; rien ne nous
dit enfin qu'elle est en rapport avec toutes
choses dans l'espace et le temps, que
nous ne sentons ni ne voyons; cependant nous l'affirmons d'une manière
absolue.

De leur existence et action continuelle
dans la pensée, dérivent toutes les lois qui
la régissent dans son intelligence des choses : axiomes, idées abstraites pures, catégories.

La science que nous pouvons acquérir de ces idées, catégories, est évidemment soumise aux lois des facultés
de connaissance. Kant, et tous après lui,
en firent donc à tort le produit d'une faculté particulière : de la raison pure. Cette
fausse distinction conduisit naturellement

à regarder les idées abstraites acquises,
tantôt comme innées et absolues, tantôt
comme inexplicables; et leur application
à l'étude de la nature des choses, sans
aucun moyen de la rectifier et de la déve-
lopper, devait engendrer une suite sans
fin de contradictions ou d'hypothèses.
La Critique de la raison pure en est
une preuve frappante de justesse et de
profondeur.

XLVII. Les lois, immuables, univer-
selles, sont les rapports nécessaires qui
dérivent de la nature des choses, comme
dit Montesquieu; ou bien, de simples
perceptions devenues idées générales et
formulées dans tous leurs rapports. Croire
que les lois sont les principes des faits,
c'est confondre les rapports et les éléments
des choses. Les axiomes, lois de la pensée, tout comme les lois du monde physique, n'engendrent rien : la loi de pesanteur
ne fait pas plus tomber un corps que
l'axiome d'identité ne donne une vérité.
Mais parce que les axiomes sont stériles,

faut-il répéter, avec Descartes, qu'ils sont superflus et de nul usage? Puissions-nous bien les comprendre, nous connaîtrions la portée de la pensée, et surtout la valeur des idées métaphysiques. La science des lois de la matière n'est pas plus utile à la physique que celle des axiomes à la philosophie : pour toujours penser vrai, il faudrait connaître toutes les lois de la pensée.

Quant aux trois principes de connaissance, considérés en eux-mêmes, pris isolément et formulés, ce ne sont également que des lois de la pensée, des axiomes qui n'engendrent rien, des tautologies, conséquences d'eux-mêmes; mais comme tels encore, ils sont antérieurs à toute idée réfléchie, innés dans la pensée, principe et condition de toute science, même de la leur propre.

XLVIII. La valeur des idées métaphysiques est, comme nous l'avons dit, toute idéale quand elle n'est pas confirmée par les données empiriques, et leur application

ne nous persuade nous-même qu'en tant
qu'elles sont unies à des données certaines.
Pascal est le seul métaphysicien qui ait eu
la franchise de l'avouer. Il est si naturel
en prenant l'idée abstraite de la Cause, par
exemple, qui résulte de l'axiome : rien
n'est sans raison d'être, de lui attribuer la
portée réelle et absolue de l'axiome. Cependant la loi de la pensée ne nous enseigne
évidemment rien sur une cause quelconque,
et si nous nous arrêtions là, toute déduction deviendrait impossible, elle repose-
rait sur le vide.

Nous nous hâtons de le combler pour
échapper à l'aveu de notre ignorance ;
tantôt nous avons recours aux autres idées
abstraites pures : être, substance, infini,
éternité, qui toutes, isolément examinées,
présentent le même phénomène, mais qui,
dans leurs rapports, s'enchaînent naturellement comme les axiomes qui leur ont
donné naissance, forment des phrases,
même des systèmes, que le moindre logi-
cien réduit aujourd'hui à de simples tau-

tologies, tandis qu'au fond de la conscience, nous sentions toujours toute la vanité de notre science.

XLIX. Tantôt nous nous contentons des antinomies des deux espèces d'idées abstraites; cependant, si nous prenons l'idée abstraite générale des divers rapports de causalité que nous remarquons dans le monde objectif, pour remplir le vide de l'idée abstraite pure, nous tombons forcément dans une confusion ou dans une contradiction de ces deux idées. En admettant les causes secondes, elles impliquent ou n'impliquent pas l'idée de cause absolue. Dans le premier cas, c'est une nouvelle tautologie, dans le deuxième, tout l'enchaînement infini des causes secondes ne nous conduit pas à la cause absolue; en admettant les unes, nous ne pouvons conclure à l'autre, et celle-ci, prise comme réellement absolue, détruit les premières. Il est cependant évident qu'il faudrait que nous connussions toutes les causes secondes et leur enchaînement dans l'espace et le

temps, pour tirer une conclusion certaine,
ou sur leur identité avec la cause absolue,
ou sur leur différence avec elle.

Toutes les antinomies possibles se réduisent au même phénomène. Elles n'existent pas en réalité hors de notre intelligence, elles sont une conséquence de sa
faiblesse. Nous ne parvenons à la science
des choses qu'en isolant les perceptions et
les idées les unes des autres, le milieu et
les extrèmes que nous voyons en toutes
choses, en sont une preuve; mais, pour
cette raison, ni le milieu, ni les extrêmes,
pas plus que l'antinomie, n'existent en réalité. L'antithèse d'arbre n'est pas herbe, et
plante n'est pas leur synthèse ; si nous connaissions parfaitement les qualités de toutes les plantes, l'idée abstraite de plante
n'existerait plus, elle serait identique avec
cette connaissance. Les antinomies sont donc
les résultats d'expériences et d'abstractions imparfaites, et toute contradiction
prend sa source dans une erreur ou dans
notre ignorance. Le monde est un, tous ses

éléments se tiennent; les oppositions qui
nous frappent proviennent de ce que nous
sommes forcés de recourir à l'analyse et à
la distinction des éléments pour nous élever à la conception de l'ensemble.

L. L'exemple que nous avons donné des
confusions et contradictions qu'entraîne
l'emploi exclusif des idées abstraites, ne
nous autorise pas cependant à contester
leur portée scientifique. Si les idées de
l'être, de la cause, de la substance, de l'infini, de l'éternité, prises, non comme idées,
mais comme des images représentant quelque chose de particulier, sont complètement vides, ces mêmes idées, prises dans
leur véritable signification, comme produits
de la pensée percevant diverses choses en
elle et en dehors d'elle, deviennent l'application fidèle et précise de lois absolues, et
l'emploi que nous en faisons est juste et
évident. L'être d'une chose, la cause d'une
chose, la substance, l'existence dans l'espace et le temps d'une chose, sont des expressions palpables pour ainsi dire, qui

renferment les actes de percevoir et de
penser, les principes de connaissance et la
chose perçue et pensée. C'est donc par la
science de tous ces éléments que nous de-
vons remplir le vide des idées abstraites pures, sous peine de raisonner dans
l'inconnu ou de tomber dans des contradictions.

LI. L'idée d'être.

L'être simple n'est pas un principe de
connaissance, mais une abstraction que
nous faisons de nous-même ou de ce qui se
passe en nous en percevant et en réfléchissant les choses; en d'autres termes, c'est
une affirmation abréviative. Je vois cette
maison rouge, est, en ce sens, identique
avec : cette maison est rouge; j'ai conscience de moi, ou je me perçois, est identique avec : je suis.

Nous ne pouvons percevoir une chose par
son être, ce n'est donc pas une qualité proprement dite, inhérente à la nature des
choses; mais suivant que nous percevons
ou pensons une chose, ou un rapport de

plusieurs, nous lui attribuons l'existence soit en nous, soit en dehors de nous. Ainsi l'être n'est qu'un attribut entièrement relatif à la perception et à la conception des choses; c'est une conséquence de la pensée et non un principe; c'est la formule la plus simple de son action.

Comme idée abstraite pure et absolue, elle est formée par la pensée abstraite d'elle-même ainsi que des qualités des choses, et ne représente que la simple affirmation de cet acte, en même temps qu'elle est l'expression générale de la loi : percevoir et penser, est affirmer l'existence des choses. Elle n'obtient une espèce de valeur objective et son caractère absolu que par ses rapports avec les idées de l'espace et du temps, qui sont réellement absolues pour la pensée; elle n'en peut faire abstraction en aucune manière.

L'être est ce qui est, l'être est : définitions ridicules, débris de la Scolastique; dites : toutes les choses qui sont, sont; le verbe être, est; l'idée abstraite de

l'être est encore; mais l'être en lui-même
n'est rien, n'est pas. La confusion entre
la valeur objective et subjective de cette
idée, mena la Scolastique à l'obscurité,
l'école cartésienne aux conclusions les
plus contradictoires. Confondez un seul
moment l'Être, substantif synonyme de
Dieu, et l'être, idée abstraite, puis soyez logique, et vous arrivez au panthéisme; cher-
chez au contraire à rester théiste, malgré
cette confusion, vous devenez non-seulement incompréhensible, mais absurde; confondez encore l'être avec la substance qui
nous est inconnue, vous déclarez que l'inconnu est, mais vous n'avez pas le droit
de faire un pas de plus.

LII. Le non-être est de la même espèce.
L'être étant non pas une chose en soi, mais
un attribut que la pensée accorde d'une
manière ou d'une autre à toutes choses,
le non-être dans sa portée objective est
la négation de toutes choses, le néant;
mais quelque chose étant, le néant n'est
point, ne saurait être admis ou pensé.

Sa valeur, comme celle de toute négation, est entièrement relative à la connaissance que nous avons des choses : en
affirmant que le monde n'est pas éternel,
j'admets qu'il y a eu un commencement,
qu'antérieurement il y eût le néant; ce
qui, d'un autre côté, me conduit à l'éternité même des choses, par la simple raison
que je ne puis comprendre l'existence du
néant. Contradiction de même nature que
la confusion entre l'Être et être ; nous
donnons une valeur objective au néant,
que nous fondons soit sur une croyance,
soit sur une impossibilité, et non sur la
science directe et certaine de la nature des
choses.

Le non-être, ce qui n'est absolument pas,
ne peut pas être pensé. Ce que nous ne
pouvons penser ne peut pas être pour nous.
Nous ne pouvons ne pas penser une chose
en la pensant; ce qui ne reçoit une valeur
objective qu'uni au principe de connaissance de l'espace et du temps : une chose
ne peut pas être et n'être pas à la fois.

## LIII. L'idée de substance.

Les qualités sont ce par quoi nous nous formons les idées des choses. Rien n'est sans manière d'être, sans qualités.

La perception en elle-même ne nous montre que le fait ou le phénomène : de la lumière brisée par son passage dans un autre milieu, par exemple, elle ne nous enseigne rien de plus qu'au simple animal, ne nous présente qu'une vaine image. L'acte de la pensée ne commence que par l'affirmation toute spontanée et instinctive, que le phénomène perçu est une propriété, une qualité inhérente à l'eau, à la lumière ou à la vue. Transition qui ne pourrait avoir lieu sans le principe de connaissance innée par lequel nous affirmons implicitement dans nos perceptions qu'elles représentent les qualités de quelque chose.

En réfléchissant ce procès de la pensée, il nous devient impossible d'admettre que nous percevions autre chose que des qualités, que nous pensions autre chose que leurs rapports. Chaque chose prise isolé-

ment, telle qu'elle se présente, est donc
nécessairement un ensemble de qualités et
de rapports qui la distinguent et la défi-
nissent. De plus, elle est nécessairement
encore égale à la somme de ses qualités, du
moment que nous ne percevons que celles-
ci, que nous ne pensons que leurs rapports et que, ce qui ne peut être perçu
ou pensé, n'existe pas pour nous. — Il
serait aisé d'expliquer par ces conséquences
de l'acte simple de penser les deux axiomes
des mathématiques : Le tout est égal à la
somme des parties, la partie moindre que
le tout.

LIV. Nous sommes loin de percevoir
toutes les qualités de chaque chose, et
cependant nous nous formons une idée précise de leur ensemble.

Ensemble qui renferme sa substance,
mais que l'idée de substance ne nous
montre pas; qui suppose encore le premier
principe de connaissance, mais que celui-
ci ne nous donne pas non plus. Ce n'est
que par l'action spontanée et irréfléchie

du troisième principe que nous parvenons
à nous former une idée exacte des divers
ensembles des qualités des choses, parce
que nous obtenons par lui et les perceptions, la science de leurs qualités fondamentales : l'étendue divisible existant
dans l'espace et le temps, et la non-
étendue, l'indivisibilité, la personnalité en
un mot, existant également dans l'espace
et le temps[1]; autour, nous groupons forcément toutes les autres qualités perçues
ou imaginées; chacune d'elles les éveille
et les suppose.

Tant que nous ne saisirons pas tous les
rapports entre les qualités perçues ou imaginées et les qualités fondamentales; tant
que nous ne nous rendrons pas compte de
leur raison d'être, nous concluerons nécessairement à l'existence de qualités inconnues ; et, en réfléchissant l'unité des
choses particulières et isolées, nous dési-
gnerons de préférence les qualités connues

[1] XII.

par le nom même de qualité, et les qualités inconnues par celui de substance.

LV. L'idée abstraite de substance n'est donc pas celle de ce qui *substat*; étrange définition! car nous n'en avons aucune idée; elle est celle qui résulte de ce que, portés par le premier principe de connaissance à sonder la nature et la valeur des qualités perçues, nous ne parvenons à nous rendre un compte parfait de leurs rapports entre elles et de leur ensemble. Elle présente d'une manière générale et simple le fait que nous avons conscience de notre ignorance. Lui accorder une autre valeur, c'est en faire un infini chimérique de même nature que l'être. Nous ne possédons la science parfaite d'aucune chose; toutes supposent l'idée de substance; elle se retrouve, comme telle, partout et toujours, et conduit donc gratuitement à un panthéisme métaphysique, ne sortant de l'inconnu de la substance que par une confusion avec l'idée de cause. L'une est cependant fort distincte de l'autre : en admettant, par

exemple, une chose qui soit par elle-même,
elle est sans cause, mais elle n'est pas sans
substance; autre chose est sa cause, autre
chose sa causalité.

LVI. Dans sa valeur objective l'idée métaphysique devient la substance réelle : cette
chose à laquelle appartiennent les qualités
perçues.

La substance prise en chaque chose
isolée, étendue, et dans les êtres personnels, est évidemment le rapport inconnu
entre les qualités perçues et les qualités
fondamentales.·

Prise en général, la substance de tous
les êtres personnels n'a aucun sens, quand
elle ne signifie pas la substance de chacun
d'eux en particulier; la substance de toutes
les âmes est la substance de chacune d'elles;
en concluant à une substance universelle
de tous les êtres personnels, nous tombons dans le domaine des chimères; car
nous n'en avons aucune donnée directe.

Il n'en est pas de même des substances
des choses isolées que nous percevons

étendues; leurs qualités extérieures nous
conduisent à leur substance générale : la
matière; mais comme nous possédons la
science de quelques qualités générales de
cette dernière, celles-ci supposent donc
une nouvelle substance dans la matière
même. En continuant cette analyse, nous
découvrons des qualités nécessaires, primitives et fondamentales, appelées, dans l'état
actuel de la science, propriétés générales et
particulières des corps simples; et ces dernières, considérées isolément, supposent à
leur tour une autre substance, qui n'est
plus la première, ni la seconde. Ainsi nous
refoulons sans cesse l'inconnu, la substance,
à mesure que nous avançons vers la science
de toutes ses qualités.

LVII. Nous ne percevons que des qualités, et ne pensons que leurs rapports; donc
percevoir toutes les qualités d'une chose,
en penser tous les rapports, serait la connaître véritablement : la science de sa
substance équivaut à celle de ses qualités
inconnues. Nous ne prétendons point par là

que la substance est égale à la somme de
ses qualités; il y aurait contradiction dans
les termes, la substance étant l'inconnu et
les qualités le connu dans les choses; mais
nous disons que, si nous connaissions toutes les qualités ou propriétés des choses et
leurs rapports, leur substance serait également connue; elle n'existerait plus comme
substance, mais comme science des qualités
fondamentales et primitives. Le premier
qui nomma les qualités nécessaires de la
matière : propriétés et corps simples, fit
entrevoir du coup la vérité de cette as-
sertion, et la possibilité d'une science parfaite. En physique, tonte la question de la
substance se réduit aux propriétés des mo-
lécules; en chimie, à celles des équivalents;
en physiologie, à celles des vésicules; et
tous les rapports de ces éléments connus
et inconnus sont dominés par les lois des
mathématiques. C'est au progrès de ces
sciences que se réduit en réalité tout l'absolu et toute la métaphysique de la substance du monde extérieur.

LVIII. Les qualités des choses se distinguent en nécessaires et contingentes, et forment les deux premières catégories de nos idées.

Les catégories sont la division fondamentale de nos idées considérées dans leur rapport avec la science des choses. Nous ne nous arrêterons pas à discuter les catégories d'Aristote, qui, à notre avis, sont complètement arbitraires, tirées des formes du langage; ni celles de Kant, qui, ne représentant que des idées abstraites, des lois de la pensée, n'embrassent pas le monde objectif, et ne sont donc que des tautologies.

Nous ne nous formons l'idée d'une chose que par certaines qualités; qualités que cette chose implique donc nécessairement; sans elles, elle ne saurait être pensée et ne pourrait exister pour nous.

Les qualités contingentes, au contraire, sont celles sans lesquelles nous croyons que la chose peut être pensée ou exister; en termes plus précis, ce sont celles qui ne sont pas comprises dans la conception abstraite, dans l'idée générale des choses du même ordre. Catégorie qui a sa raison d'être en nous, dans notre manière de penser, non dans la réalité; du moment que les qualités sont, elles ne peuvent pas ne pas être, leur existence s'enchaîne dans toute la série des causes.

Tant que nous ne connaîtrons pas toutes choses, tant que nous aurons besoin de recourir aux idées générales et abstraites, en cherchant leurs éléments et lois, leurs qualités et leurs rapports fondamentaux et primitifs, nous les diviserons donc en contingentes et nécessaires; les unes dont nous jugeons pouvoir faire abstraction, les autres que nous pensons comme appartenant à l'essence des choses.

LIX. L'essence est l'ensemble formé par les qualités inconnues, la substance, et par les qualités nécessaires : c'est ce qui est, abstraction faite des qualités que nous regardons comme contingentes. Le nombre de ces dernières est nécessairement en raison inverse des premières; plus nous nous rapprochons de la connaissance exacte de la somme des qualités des choses, moins notre science comprendra d'idées de qualités contingentes : il n'existe évidemment aucune qualité qui pourrait être ou n'être pas sans rien changer à cette somme. Ce qui distingue l'essence de la substance, c'est que la première renferme toujours un élément de science directe, excepté dans l'idée de l'Être absolu, où les deux sont identiques.

De la formation de ces premières catégories d'idées, et du principe de contradiction : rien ne peut être et n'être pas à la fois, dérivent toutes les lois qui sont la base de la logique formelle, le principe d'identité et ses diverses formes et conséquences : toute qualité nécessaire à une chose doit être pensée avec elle; toute qualité qui lui est contingente peut l'être; et toute qualité qui ne lui est ni nécessaire ni contingente ne doit pas être pensée avec elle.

### LV. L'idée de cause.

Nous ne parviendrions jamais à produire l'idée de cause sans le principe de connaissance en vertu duquel nous pensons toutes les qualités perçues comme des effets. Mais si le principe est inné, le même chez tous les hommes, l'idée formée diffère quelquefois au point que celle des uns n'est plus que la négation de celle des autres ; conséquence de la confusion des deux catégories d'idées qui dérivent du principe qui nous porte à découvrir la nature des causes.

La première de ces catégories comprend cette série d'effets que nous attribuons à une cause indépendante de toute autre influence, à la libre volonté : Je puis faire ou ne pas faire telle chose ; telle chose est parce que je l'ai voulu ; au delà je ne lui découvre aucune autre raison d'être. La conscience nous fournit la perception de cette faculté, que nous pouvons fort bien ne pas comprendre, mais dont nous ne pouvons nier ni le fait, prouvé par le genre humain, ni la perception, quoi-

qu'elle ne nous enseigne absolument rien
sur sa nature et sur le lien qui l'unit à
ses effets.

Que notre pensée s'élève à la conception
d'une cause primordiale, toute puissante et
absolument libre, ou qu'elle se borne à réfléchir l'action de notre propre volonté ne
donnant à ses effets qu'une existence limitée par les lois auxquelles elle est sujette,
l'idée de cause libre, pouvant produire ou
non certains effets, existe, et ces effets
forment toute une série de nos idées.

LXI. Mais lorsque notre volonté est
déterminée par d'autres influences, d'autres
causes, ses effets rentrent dans la seconde
catégorie.

B étant, il doit avoir une raison d'être ;
A étant posé, il s'ensuit nécessairement B ;
B est donc un effet nécessaire, fatal de
A, et A la cause non libre de B. La
production de B est une qualité inhérente
à la nature de A, ou B est une manifestation dans l'espace ou le temps de A ; peu
importe que B possède quelques qualités

qui ne proviennent point de A, mais de $x$
ou $y$, ou que A possède d'autres qualités
qui ne se manifestent pas en B; il suffit
que A renferme en lui la condition d'existence de B, pour que sa production, en
tout ou en partie, en soit nécessairement
une qualité. Tel est le contenu de la seconde idée de causalité, que nous ne produisons que parvenus à la connaissance de
choses dont l'existence entraîne celle d'autres choses également connues.

Ce rapport de causalité est désigné par le
même nom que celui de la volonté et de
ses effets. Toute confusion cependant entre
l'identité du son, la valeur de l'idée abstraite et la portée des causes réelles conduit, soit au matérialisme absolu, soit au
fatalisme des panthéismes idéalistes. Théories dans lesquelles l'idée abstraite et vide
de cause absolue est absorbée dans l'inconnu de la substance; ce qui engendre
les diverses contradictions des causes secondes et de la cause absolue. Quand l'i-
dée de cause libre domine, au contraire,

dans cette confusion, tout devient contingent, et cependant la contingence dans les effets n'est que momentanée. Un effet pouvait ne pas être, comme tel il dépendait d'une cause libre, il n'est contingent que par rapport à elle ; du moment que l'effet a eu lieu, la contingence disparaît ; il ne peut plus ne pas être. Aussi, en bonne science, nous ne sommes autorisés à admettre une telle contingence dans les effets, que lorsque nous sommes capables de prouver qu'ils ont eu effectivement une cause libre.

LXII. Si notre science embrassait à la fois toutes les qualités des choses et tous leurs rapports, la dernière catégorie d'idées, celle d'effets de causes aveugles, se confondrait évidemment avec celle des qualités nécessaires : les effets nécessaires étant la manifestation dans l'espace et le temps de qualités nécessaires. Mais notre science incomplète, et son échafaudage par les perceptions et les idées de choses particulières, nous force de l'admettre, ainsi

que nous avons admis celle des qualités
contingentes, comme provenant seulement
de la nature de notre esprit et n'existant
pas en réalité.

Si les effets nécessaires sont la manifestation dans l'espace et le temps de
qualités nécessaires, le même effet suppose la même cause, il est de même nature, ne renferme rien de contraire, lui est
proportionnel, et *vice versa;* sinon une
même qualité pourrait se manifester dans
l'espace et le temps d'une manière ou d'une
autre, être et n'être pas à la fois telle
qu'elle est. Toutes ces lois sont les mêmes,
sous une autre forme, que celles qui dérivent de l'axiome d'identité.

Notre croyance dans la stabilité des phénomènes de la nature, de même que nos
raisonnements par analogie, sont les conséquences de leur action instinctive dans
la pensée. Toute chose a eu sa raison d'être;
pour qu'elle change il faut qu'il y ait une
nouvelle cause de ce changement; du moment que nous n'entrevoyons pas l'existence

de cette nouvelle cause, ou au moins celle
de sa possibilité, nous ne pouvons admettre
un changement.

Quant aux lois qui régissent la catégorie
d'idées des effets de causes libres, elles
constituent la morale, dont les éléments
sont : la nature de la liberté, les désirs
du vrai, du beau et du bien, le développement de nos sentiments.

LXIII. L'espace et le temps.

Connaissance innée, que les sens ne
donnent point, quoiqu'ils l'éveillent; que
le raisonnement ne produit pas, parce qu'il
la suppose; et que nous ne réfléchissons
que par ses rapports avec les autres données de la pensée [1].

Comme principe de connaissance, l'espace
est l'étendue indéfinie en tous sens; il ne
devient l'immensité infinie que quand nous
en cherchons les bornes; au delà des
espaces il y a toujours l'espace, partout il
est; nous ne pouvons comprendre l'exis-

[1] XII.

tence d'une chose en dehors de lui. Comme
tel, sa valeur est toute négative, nous
n'avons aucune notion directe de son infini
propre. Comme tel encore nous le pensons
indivisible, quoiqu'on se soit beaucoup
disputé sur la nature de ses parties. Il
aurait fallu en connaître les limites, toute
division en suppose. C'est une expression
incompréhensible que celle de parties de
l'espace ou de l'infini, à moins qu'elle ne
signifie des lieux dans l'espace. L'idée
abstraite d'étendue n'est pas du même
ordre que la connaissance innée, qu'elle
suppose, mais qu'elle n'est pas : et si nous
concevons les grandeurs abstraites, qui
n'existent pas en dehors de notre esprit,
comme réciproquement impénétrables, c'est
précisément parce que l'espace même, dans
lequel nous les imaginons, n'a point de
limites et point de parties pour nous. Il ne
peut être ni plus, ni moins, ni ici, ni là; il
est non-seulement indivisible, mais immobile.

LXIV. Le temps, dans ses rapports avec

nos autres connaissances, prend entièrement les mêmes caractères. Comme donnée primitive, c'est la durée indéfinie, devenant nécessairement l'éternité, parce que nous ne concevons pas l'existence d'une chose en dehors du temps; il n'a, pour cette raison, qu'une valeur toute négative ; sans fin pour nous, éternel, il est indivisible, sans parties. Il en est des moments, des époques, durées abstraites, comme des grandeurs abstraites; on a fait à leur sujet la même confusion : l'étendue et la durée limitées sont des qualités de choses que nous percevons dans l'espace et le temps, et dont nous nous formons les idées en faisant abstraction de toutes les autres qualités.

Éternel et indivisible, le temps est immobile, et les durées abstraites se conçoivent réciproquement impénétrables.

LXV. Ces déductions n'augmentent cependant en rien la science que nous en possédons: l'espace et le temps restent toujours les mêmes pour nous : étendue et durée indé-

finies, et ce n'est que parce qu'ils restent toujours tels qu'ils deviennent, par la réflexion,
infinis, éternels, indivisibles, immobiles.
Le sont-ils en réalité? Ont-ils des limites?
Existe-t-il en dehors de l'espace et du temps
d'autres mondes? Questions qu'il est aisé
de soulever ; mais comment les résoudre
par une science directe? Ces mondes, s'ils
existent, n'existent point pour nous ; nous
ne pourrions les concevoir sans durée et
n'occupant point de lieu dans l'espace.

Une question plus sérieuse est celle de la
réalité objective de l'espace et du temps :
sont-ils une loi de la pensée d'après laquelle nous réfléchissons toutes les choses
que nous percevons et pensons ; ou existent-
ils réellement en dehors de nous? Nous
n'en pouvons évidemment donner la solution aussi longtemps que nous nous bor-
nons à l'analyse des choses dont nous
avons des données directes, et que cette loi
embrasse [1]. Toujours est-il que l'espace et le

----

[1] Dieu, **XXXIV.**

temps sont à la fois les principes et les limites de nos connaissances. Ils sont sans cause, parce qu'ils deviennent infinis et éternels du moment que nous les réfléchissons ; ils sont sans substance, parce qu'ils sont identiques avec leur unique qualité, et ne renferment point de qualités et de rapports que nous puissions regarder comme inconnus ; ils sont encore sans causalité, stériles, parce qu'ils sont toujours les mêmes, et qu'identiques avec leurs qualités, ils ne peuvent renfermer la raison d'être d'autres qualités ; enfin, par ces diverses raisons, leur existence pure, abstraction faite de celle de toute autre chose, équivaut au néant.

LXVI. Comme tels, l'espace et le temps n'engendrent pas de nouvelles idées et ne forment point de catégorie, mais, connaissance primitive, innée, absolue : nous ne pensons rien, sans le penser dans un rapport quelconque, positif ou négatif, avec l'espace et le temps ; ils donnent lieu aux deux dernières catégories de nos idées.

Toutes celles qui renferment dans les per-

ceptions qui leur donnent naissance l'action
positive du principe de connaissance de l'espace et du temps se rapportent à l'étendue
divisible ou limitée ; qualité fondamentale
du monde extérieur, qui embrasse toutes les
autres : lumière, pesanteur, tangibilité, grandeur, électricité, magnétisme. Tous les effets
et qualités, connus et inconnus, toutes les
idées particulières, collectives, générales et
abstraites du monde extérieur supposent
l'étendue divisible, c'est la base de sa substance, et toutes les propriétés de cette dernière sont nécessairement en accord et en
rapport avec elle.

LXVII. Les lois et idées abstraites qui se
développent dans la pensée par la réflexion
des idées de cette catégorie forment les
sciences mathématiques.

Par les perceptions de choses isolées et
collectives, nous produisons les idées de
quantités et de grandeurs concrètes. Par
l'abstraction des qualités constituant les
choses concrètes, les idées de quantités et de
grandeurs abstraites, qui, comme toutes les

idées de cet ordre n'ont qu'une réalité tout idéale.

Les quantités et grandeurs abstraites, produits de la pensée, supposent ses lois. En recherchant la loi générale dans la formation des premières, nous produisons l'idée de nombre absolu, dont chaque membre est l'unité représentée par l'acte pur et simple de la perception, abstraction faite des choses isolées, perçues. De même les grandeurs abstraites, réfléchies dans leur rapport avec la loi de connaissance de l'espace, engendrent les idées de ligne, de surface et de volume indéfini.

LXVIII. Les données des mathématiques sont donc l'espace et le nombre absolu, les quantités et grandeurs abstraites, leurs rapports, ainsi que ceux avec les grandeurs et quantités concrètes.

Leur valeur, comme science, dépend évidemment de la connaissance de toutes ces données, et leur développement n'a lieu que comme celui de toute science, par un recours méthodique à l'expérience et à l'abstraction. Toute confusion entre les signes représentatifs des rapports, entre leur valeur propre et celle des données fondamentales, ainsi que notre ignorance à leur sujet, entraînent à des solutions incompréhensibles ou absurdes, que l'expérience peut autoriser ou redresser, sans que la pensée puisse les comprendre ou les expliquer [1].

[1] Nous en citerons un exemple : Dans ses rapports avec le nombre absolu, la quantité abstraite peut être considérée comme représentant une unité du nombre absolu, ou comme la somme de toutes les unités; dans le premier cas, elle engendre l'infiniment grand, dans le second, l'infiniment petit, sans que ce rapport puisse cependant détruire sa double donnée, le nombre absolu et la quantité abstraite, parce qu'il en dépend. La contradiction apparente du calcul intégral ne provient que de ce que nous confondons ces deux productions de la pensée : les quantités abstraites et le nombre absolu; les unes sont simplement des idées abstraites, l'autre l'expression d'une loi. Il en est de même des grandeurs abstraites : quelque petits ou grands que nous concevions une ligne, un triangle, un cercle, la conception ne saurait détruire la loi et l'acte en vertu desquels nous les produisons; c'est ainsi que la

Quant aux résultats admirables que les mathématiques nous donnent par leur application aux phénomènes et qualités de la matière, ils nous forcent de conclure à une harmonie préétablie fort différente de celle de Leibnitz, entre les lois qui dérivent de la nature de la pensée et celles qui régissent les manifestations et les rapports des qualités de la matière [1].

grandeur la plus petite possible est toujours divisible pour la pensée, la loi; mais en vertu de la donnée, une telle grandeur ne peut être divisée infiniment : l'idée de grandeur, la donnée serait détruite.

Aussi longtemps que nous ne connaîtrons pas la nature de l'unité concrète, nous nous arrêterons forcément à l'affirmation de ce rapport.

[1] La langue mathématique de Spinoza, et la langue universelle de Leibnitz, ne furent pas si chimériques qu'on le suppose ordinairement. Ces langues sont possibles, mais à la condition que nous connaissions toutes les lois de la pensée et toutes les qualités primitives et fondamentales des choses. Ce serait un travail curieux et facile à faire, que de montrer les rapports entre les formules mathématiques et les formules métaphysiques, depuis le premier axiome :

LXIX. L'affirmation de l'existence dans l'espace et le temps de l'étendue divisible, implique celle de notre propre être; mais, si la première renferme en elle le principe de connaissance de l'espace et du temps, la perception de notre propre existence le suppose mais ne le renferme pas; il n'y a point de durée, il n'y a point d'étendue en elle; notre moi est indivisible et identique; qualité formant la base de la dernière catégorie de nos idées. Je suis toujours moi; je suis ni plus ni moins moi, et mon moi n'a point de parties; je nais, je vis, je meurs le même; et mon être ayant nécessairement pour fondement des qualités, rien n'étant sans manière d'être, ces qualités sont identiques; quoique par la nature des perceptions et la loi fondamentale de l'action de penser, je ne puisse parvenir à leur connaissance que par des perceptions isolées. Ainsi, je suis, je pense,

je pense, ou rien ne peut être et n'être pas à la fois, jusqu'aux problèmes les plus compliqués du monde subjectif et objectif.

j'aime, je veux; et si je puis me former
des idées fausses sur la nature et l'origine
de ces manifestations de mon être; si je
puis les confondre avec mon corps et ses
facultés animales, toutes mes erreurs n'em-
pêcheront point que je ne sois, que je ne
sois simplement. Je pense, donc je suis, c'est
trop dire, je suis suffit; et mon existence
ne saurait être perçue ou pensée sans un
certain nombre de qualités : rien n'est sans
manière d'être; nier ce fait, c'est nier tout.

LXX. Toutes les qualités qui impliquent
dans leur perception l'étendue divisible, appartiennent à une même chose, elles ont
une même qualité fondamentale; toutes
celles, au contraire, qui supposent dans
leur perception le moi, non étendu, indivisible, identique, ne peuvent appartenir
qu'à elles-mêmes, étant identiques; sans
cela une même qualité pourrait être étendue
et non étendue à la fois. De plus, je conclus
à l'existence d'autres êtres semblables à moi-
même, parce que je perçois en dehors de
moi, dans l'espace et le temps, des effets

qui supposent nécessairement pour causes
les mêmes qualités que celles formant mon
être identique.

Ainsi, les idées de cette dernière catégorie, qui se rapportent toutes à la nature
du moi, nous ramènent, dans le cercle
éternel de la science, à l'affirmation même
de la méthode, à l'exposé des facultés, principes, lois de la pensée.

LXXI. Cependant, le reproche qu'on
peut adresser à toute méthode : d'être la
science de la pensée appliquée à la science
même de la pensée, ne serait fondé, que
si notre science de la pensée était identique avec sa nature. Toute méthode
est un résultat de nos connaissances employé à les accroître, se rectifiant et se
développant par son emploi même. Elle
ne présente donc pas un cercle vicieux,
mais deux cercles concentriques, dont
le plus grand embrasse à la fois la nature
du monde et celle de la pensée, en un
mot, toutes les connaissances possibles ;
l'autre, la pensée telle que nous la ju-

geons être et la science que nous possédons. Plus nous élargissons la circonférence
du dernier, plus nous nous rapprochons de
l'étendue du premier. Aller au delà, c'est faire
un dogmatisme inutile à la science, sans
en avoir acquis ni les moyens, ni le droit ;
le nier, c'est se jeter dans un scepticisme
sans rivage. J'affirme ce que je sais, je ne
doute que de ce que je sais ignorer ; que
mon savoir soit un grain de sable à côté
de mondes inconnus, ce grain de sable est
de la terre ferme, un port, un refuge ; la
découverte du moindre îlot est un nouveau point de départ pour les autres ; le
genre humain fut créé pour parvenir à
la science de toutes choses :

LXXII. 1° Ce que nous ne pouvons percevoir ou penser n'est pas.

2° Toute chose perçue ou pensée est un
produit de nos facultés, soumis aux lois
qui les régissent.

Il ne peut y avoir d'idée au-dessus
des forces, ou contraire aux facultés qui
l'ont produite.

3° Nos facultés sont de deux espèces : les unes, productrices de nos idées, sont l'expérience et l'abstraction ; les autres, causes de notre intelligence de la nature des choses, sont les trois principes de connaissance.

4° Nos idées, considérées du point de vue des premières, se divisent en particulières, collectives, générales et abstraites; et leurs rapports forment, suivant le mode de production, des connaissances certaines, des hypothèses, des croyances ou des erreurs.

5° Les connaissances certaines portent le caractère de vérités absolues quand elles sont l'expression exacte des lois de la pensée confirmées par les données empiriques; elles portent le caractère de vérités nécessaires quand elles sont établies par une expérience parfaite.

6° Les croyances reposent sur les idées abstraites pures, produits de la pensée réfléchissant ses propres lois, et sur une expérience imparfaite, assez forte cependant

pour nous empêcher de voir ses parties dé-
fectueuses.

Les hypothèses supposent une expérience insuffisante, ou des lois de la pensée,
ou des données empiriques, dans la formation et dans la preuve de l'idée.

Les erreurs, enfin, sont contraires et à
notre science certaine des lois de la pensée,
ou aux données empiriques.

7.° L'opposition entre les unes et les
autres, le besoin inné de connaissance
et de certitude, causent le progrès continu des connaissances certaines par la
modification ou le rejet des hypothèses,
croyances et erreurs, et par la formation de
nouvelles idées particulières, collectives,
générales et abstraites, dont la valeur augmente en proportion des connaissances nou-
vellement acquises.

8° La liberté et les efforts individuels,
selon qu'ils se conforment aux lois de la
pensée générale, ou qu'ils sont aveuglés par
de fausses prétentions à la vérité, hâtent ou ra-
lentissent la marche ascendante de la science.

9° La vérité absolue est la connaissance de toutes choses.

Chaque vérité particulière est l'accord entre les connaissances acquises et l'action instinctive des facultés de la pensée.

10° Toute idée produite est vraie, conforme aux lois de la pensée. Elle ne devient gratuite, fausse, incompréhensible ou contradictoire que lorsqu'on lui accorde une valeur qu'elle n'a pas ; ce qui provient d'un mauvais emploi de notre faculté de connaissance et d'une science imparfaite de notre faculté d'intelligence.

Il n'y a point de négations, point d'idées contradictoires, dans une science parfaite.

11° Chacune de nos perceptions renferme implicitement l'affirmation que son objet est la qualité de quelque chose, qu'il est l'effet de quelque chose, qu'il est en rapport avec l'espace et le temps.

12° Rien n'est sans manière d'être ; l'être simple n'est rien ; l'être est égal à la somme de ses manières d'être ; le tout égal à la somme de ses parties ; la chose égale à la somme de ses qualités.

13° Les manières d'être des choses constituent leurs qualités.

L'ensemble d'une chose renferme ses manières d'être connues et ses manières d'être inconnues, ses qualités et sa substance.

14° Nous ne percevons que des qualités, nous ne pensons que leurs rapports.

Le rapport n'est rien en lui-même, c'est l'existence des qualités dans l'espace et le temps.

15° La connaissance de toutes les manières d'être primitives et fondamentales des choses serait la science de leur substance. Cette science est possible; elle seule est absolue.

16° Les manières d'être perçues sont des effets ; comme telles, des conséquences nécessaires ou des produits d'actes libres. Dans le premier cas, la cause se réduit à l'existence dans l'espace et le temps des qualités primitives et fondamentales; dans le second, au libre arbitre.

17° Rien n'est sans être dans un rapport quelconque, positif ou négatif, avec l'espace et le temps.

L'existence pure de ces derniers équivaut au néant : ils sont sans substance et sans causalité.

18°· Les objets des idées, dans leurs rapports avec nos facultés, sont des qualités nécessaires ou contingentes, des effets de causes libres ou de causes aveugles, et ils appartiennent à la chose divisible ou à des êtres personnels. Ces six catégories se posent d'elles-mêmes, s'expliquent, mais ne se prouvent pas dans l'état actuel de la science.

19° Les qualités nécessaires et les effets de causes aveugles sont identiques dans l'espace et le temps.

Les qualités ne sont contingentes qu'en tant qu'elles dérivent de causes libres.

20° La science parfaite du monde extérieur serait celle de toutes ses qualités nécessaires, primitives et fondamentales, et de leurs conséquences ou manifestations également nécessaires dans l'espace et le temps. Celle des êtres personnels serait la connaissance de toutes les lois qui dérivent du simple acte de percevoir et penser, des qualités qu'il renferme et de leur identité dans tous les actes passés et possibles du genre humain.

21° Enfin, les six catégories qui dérivent de l'action de percevoir et de penser et des trois principes de connaissance sont, à leur tour, soumises à ces mêmes éléments de la pensée, et engendrent une septième catégorie, non d'idées certaines supposant la perception directe, mais le besoin intellectuel de l'être absolu de quelque chose.

# DIEU.

I. La pensée, dans sa recherche du vrai,
du beau et du bien, c'est la raison; mais
dans sa science de choses dont elle ne peut
se rendre un compte parfait, c'est la foi, fille
de la raison même, aveu instinctif de sa
faiblesse et de son besoin d'appui. Placés
entre deux extrèmes, une science minime
et des principes évidents que nous ne pouvons expliquer, nous avons besoin de toutes
deux; la première sans la seconde néces-
siterait l'omniscience, et une foi aveugle,

sans motif dans la nature de la pensée, est impossible; là où l'une prétend repousser absolument l'autre il y a désordre et erreur. Ce ne sont pas elles qui ont produit les passions et colères que nos opinions excitent, ce sont nos intérêts individuels, politiques ou sociaux, et surtout notre malheureuse prétention à une vérité exclusive et absolue ; prétention d'autant plus révoltante que toutes nos opinions ont leur source dans notre commune nature.

II. A nous tous une certitude parfaite, résultant de l'action pleine et entière de nos facultés, est refusée. La perception de Dieu n'est point de ce monde : nul ne l'a vu, dit St-Jean. Et pour nous tous encore, la meilleure preuve, pour ou contre son existence, serait évidemment celle tirée d'une science parfaite de la nature du monde et de nous-mêmes ; cette science également ne nous est point donnée.

Mais si toutes les qualités constituant la matière, si toutes celles formant notre être propre nous sont encore inconnues ; si

par suite, nous ne pouvons toucher, pour
ainsi dire, leur essence et leur raison
d'être, du moins, l'état, quel qu'il soit,
de nos connaissances nous conduit toujours
vers une solution qui leur est relative, et
qu'il est en notre pouvoir, qu'il est de notre
devoir de chercher, en nous appuyant fer-
mement sur toutes les données que nous jugeons certaines. En philosophie comme en
physique, plus de rayons lumineux conver-
gent vers un point, plus ils l'éclairent. Toutes
les méthodes exclusives, toutes les preuves
isolées de l'existence divine ne prouvent
rien ou conduisent à des abîmes.

*Des diverses preuves de l'existence de Dieu.*

III. Certes, le point de départ de Platon
est sublime! poussé par un attrait sans
bornes vers le vrai, le beau et le bien, il s'y
abandonne hardiment; et s'élevant sur les
ailes de l'âme, comme il le dit si poétique-
ment, il conclut à l'existence de l'objet de ses
ardentes recherches. Malheureusement cet

élan vers les vérités éternelles, vers l'infinie
perfection, est loin d'être une preuve; l'âme
de l'athée, celle du sauvage aussi bien que
celle de Platon, le ressentent; le désir du
vrai, du beau et du bien est inné, mais
il reste vide sans l'action de la pensée; je
ne puis aimer ce que je ne pense point.
L'objet du désir n'est que l'apparence du
beau, l'objet de la volonté c'est le beau
même, dit Aristote. Si, avec toute ma
libre volonté, ma pensée ne parvient à me
faire reconnaître l'existence de Dieu, je ne
l'aimerai point, et cependant mon âme
d'athée renferme en elle le sens divin pris
dans sa véritable acception. Prétendre que
le désir du vrai, du beau, et du bien, que
je sens ne jamais parvenir à satisfaire,
prouve l'Être souverainement parfait, c'est
dire: Je désire une chose, donc elle est.
Ajouter que cette aspiration vers l'infinie
perfection ne peut provenir que de l'infini
même, c'est répondre par ce qu'il s'agit de
démontrer. Le besoin que nous avons de
croire à une justice éternelle, en maudis-

sant le mal; à la vérité absolue, en voyant
l'erreur; à une souveraine perfection, en
sentant notre faiblesse, peut nous autoriser
à former nos croyances mais n'en prouvent
point la justesse.

IV. Nous sommes cependant loin de prétendre que cet admirable instinct de l'âme,
le démon de Socrate, la troisième région de
l'âme de Platon, le sens divin de Bossuet,
la pensée sourde de Leibnitz, ne puisse servir en rien à prouver l'existence de Dieu.
Mais nous déclarons que, comme preuve directe et en quelque sorte empirique, elle est
complètement insuffisante, et entraîne tous
ceux qui lui accordent une fausse importance à tous les abus du mysticisme. Ne
leur offrant aucun autre point d'appui,
elle les porte à confondre la donnée du
sentiment avec son objet, l'image avec la
réalité, à croire qu'ils sentent en eux-mêmes
Dieu qui les inspire et les illumine.

Combien plus vraie est la morale chrétienne que les spéculations des saints mys-
tiques! Elle suppose Dieu, et nous ensei-

gne à mortifier notre chair, à mépriser les
plaisirs du monde, afin de nous élever
jusqu'à lui ; elle fait de ces préceptes
une condition de notre foi ; mais que je
trouve la chair une admirable chose, et les
plaisirs du monde pleins de saveur, elle
m'abandonne et ne prétend me rien prouver.

V. La preuve cosmologique est de même
nature que la preuve morale. Si l'une conduit forcément à coire sentir Dieu en soi,
l'autre tend à le faire voir dans l'organisation de l'univers ; elle conclut de l'ordre,
de la beauté, de l'harmonie générale du cos-
mos à une intelligence toute puissante et or-
donnatrice. Mais l'harmonie est sortie fatalement du chaos, la tendance à l'équilibre
est une loi de l'univers ; là où il n'existe pas
il s'établit par la lutte, le triomphe, l'iner-
tie ou la mort ; c'est une vérité, acquise aux
sciences physiques et biologiques, qui ne
se réfute plus. Les sciences de la matière
sont athées ! rien de plus vrai, considérées
exclusivement. Tout est fatal, nécessaire,
mathématique dans le monde physique, or-

ganique et animal, depuis les mouvements
sidéraux jusqu'aux merveilles contenues
dans une goutte d'eau. En détruisant l'aveugle fatalité dans la succession des phénomènes, on annihile leurs principes et leurs
lois immuables, toute notre certitude de
leur stabilité.

D'un autre côté, les rapports et qualités
inconnues du monde ne nous autorisent pas
plus à admettre qu'à nier l'action d'une
intelligence souveraine; on ne fonde rien
sur l'inconnu. En aucun cas ils ne nous
conduisent à une cause générale et créatrice, sans sortir du domaine de la preuve
même, sans tomber dans celui des hypothèses ou de la métaphysique. Aussi la
preuve purement cosmologique finit-elle
par faire confondre Dieu et la nature, par
le faire regarder comme la substance aveugle et intelligente à la fois de tous les phénomènes; théorie qui ne se sauve de l'a-
théisme que par une analyse, et une affirmation gratuite faisant Dieu synonyme de
l'idée de substance ou de qualités inconnues.

VI. Si les preuves empiriques isolées ne nous donnent en rien la certitude de l'existence divine, il en est de même des preuves purement abstraites ou métaphysiques.

Nous analyserons d'abord celles de Descartes, qui résuma avec une clarté, nous dirions presque éblouissante, les preuves de saint Thomas et de saint Anselme. Ecoutez ces premières lignes de sa belle méditation sur Dieu : « Je fermerai maintenant les yeux, je boucherai mes oreilles, je détournerai tous mes sens, j'effacerai même de la pensée toutes les images de choses corporelles, ou du moins parce qu'à peine cela se peut-il faire, je les réputerai comme vaines et comme fausses; » et s'isolant ainsi lui-même dans sa pensée, il voit son être si chétif, si peu de chose, né d'hier et dont il ne saurait douter, renfermer l'idée de l'être infini, éternel, absolu en tous sens. Conception grandiose, qui pèche par sa trop grande simplicité même. D'un côté, elle conduit à un idéalisme

pur : ayant rejeté la vérité des idées du monde
objectif, comment sortir du moi pensant? et
d'un autre, comment ne pas aboutir à la
vision en Dieu de Malebranche, comment
ne pas se perdre dans le quiétisme de Fé-
nélon, une fois admis que l'Etre absolu
seul est l'être véritable? Mais, qui plus
est, cette preuve ne nous donne pas même
le droit d'admettre l'existence de Dieu comme
réelle : parce que nous sommes forcés d'admettre l'être absolu, l'être qui ne peut pas
n'être pas. En reconnaissant l'existence
d'une chose, dit Kant, il n'est ni prouvé que
cet être puisse exister comme un être particulier, ni qu'il existe en réalité; répondre
qu'il ne peut pas n'être pas, c'est répondre
par la question.

VII. Aussi Descartes revient bientôt sur
ses pas, et accorde une véritable portée objective à ses idées. « Si elles sont prises en
tant seulement que ce sont de certaines façons de penser, je ne reconnais entre elles
aucune différence ou inégalité, et toutes
semblent procéder de moi d'une même fa-

çon; mais en les considérant comme des images dont les unes représentent une chose et les autres une autre, il est évident qu'elles sont fort différentes les unes des autres, car, en effet, celles qui me représentent des substances sont sans doute quelque chose de plus et contiennent en soi, pour ainsi parler, plus de réalité objective, c'est-à-dire, participent à plus de degrés d'être ou de perfection que celles qui ne représentent que des modes ou accidents. De plus, celle par laquelle je conçois un Dieu souverain, éternel, infini, immuable, tout connaissant, tout puissant et créateur universel de toutes les choses qui sont hors de lui, celle-là, dis-je, a certainement en soi plus de réalité objective que celles par qui les substances finies sont représentées. » Ainsi il y aurait des choses participant à plus ou moins de degrés d'être; ce que nous avouons ne pas comprendre et ne pas admettre : les choses sont ou elles ne sont pas, et dans le premier cas, elles existent en réalité ou en fiction, mais en aucun cas elles n'existent

plus ou moins. Étrange affirmation, l'existence d'une chose est en proportion de ses
perfections; confusion entre l'être réel, l'être
attribut de la pensée et l'être abstrait. Il
s'agit de prouver que l'infini réel, véritable,
existe en dehors de nous par l'infini idéal,
abstrait, existant en nous; mais l'idée
même, l'idée seule est-elle plus ou moins
parfaite, suivant qu'elle se rapporte ou
non à un objet? Que j'attribue l'existence à
Dieu dans l'idée que j'en ai, alors je ne
fais évidemment qu'une tautologie en vou-
lant le prouver; que je le suppose comme
possible, en ce cas je ne puis le prouver
par la seule idée.

VIII. A moins d'ajouter encore avec Descartes : « Je n'aurais pas l'idée d'une substance infinie, moi qui suis un être fini, si
elle n'avait été mise en moi par quelque
substance véritablement infinie. » Mais l'i-
dée de l'infini ne renferme absolument rien
de positif, elle n'est pas le résultat de perceptions directes de l'infini, et reste encore
limitée comme idée, en harmonie avec notre

nature bornée. Nous pouvons conclure à
l'infini, mais toujours dans le sens de l'indéfini, car nous n'en avons pas la moindre
idée claire et précise, nous ne pouvons le
comprendre. Pour nous, toute idée à laquelle nous ne parvenons à assigner de limites devient nécessairement infinie : l'è-
tendue, la durée, le nombre, la ligne. C'est
en vertu de la même loi de la pensée que
nous produisons, en réfléchissant toutes les
idées abstraites pures, une certaine idée de
l'infini absolu, fort imparfaite, essentiellement négative, et qui ne prouve évidemment rien au sujet de sa réalité objective. En somme, comment Descartes
prouve-t-il que cette idée a été mise en lui?
par son idée! Tautologie éternelle de la
preuve ontologique.

IX. La seconde preuve métaphysique est
tirée de l'idée de contingence des choses et
cherche la réalité de l'Être absolu dans sa
nécessité et non plus dans l'idée.

Qu'est-ce que le contingent? Toutes les
choses qui sont, sont ; leur caractère de

contingence dépend entièrement de notre
manière de les concevoir, et si en métaphysique nous pouvons admettre que les choses
appelées contingentes puissent ne pas être,
ce droit ne nous vient que de notre faculté
d'abstraire. En admettant qu'une chose
puisse ne pas être, je rejette toutes ses raisons d'être s'enchaînant jusqu'à l'infini. — 
Donc celui-ci existe, direz-vous, parce que
l'infini, l'absolu, c'est l'être même dont je ne
puis faire abstraction. — Non. Donc l'infini
peut ne pas exister, puisque vous avez admis que la chose pouvait ne pas être; or en
admettant la non-existence d'une chose
vous avez détruit toute la série de ses
causes. Ainsi la distinction entre la contingence des choses et l'absolu ne prouve
rien; ou je n'ai aucun droit d'admettre la
contingence, et alors tout devient absolu,
panthéisme; ou j'admets la contingence, et
en ce cas je ne puis conclure à l'absolu.

Mais une chose étant, répéterez-vous
avec Leibnitz, la série infinie de ses causes
existe, et une série infinie est impossible;

il faut qu'elle s'arrête pour que la cause puisse véritablement être.—D'accord; mais, en ce cas, vous ne prouvez plus l'existence de l'absolu par la contingence des choses, mais par votre idée même de la cause absolue, et vous revenez à la tautologie précédente.

X. Dans les derniers temps quelques théologiens crurent présenter une nouvelle preuve de l'existence de Dieu, en insistant sur son analogie avec l'infini des mathématiques, qui se prête admirablement au calcul et donne des résultats certains; nous sommes convaincu qu'il en est entièrement de même de l'infini divin appliqué à l'étude de la nature et de l'origine des choses ; mais cela n'ôte ni à l'un, ni à l'autre son caractère subjectif et hypothétique. Jamais mathématicien ne prétendra que la ligne, le nombre, la grandeur indéfinie, telle qu'il la conçoit, existe en réalité en dehors de son esprit; de même aucun de ces théologiens n'a le droit de conclure à la réalité de l'infini divin en dehors de sa pensée. Ils ne se trou-

vent donc guère plus avancés que ces doc-
teurs du moyen âge soutenant que Dieu implique son existence, comme l'idée d'un
triangle l'égalité de ses trois angles à deux
droits, et qui auraient évidemment eu plus
raison de dire : l'idée de Dieu implique
tous ses attributs, comme l'idée d'un triangle
tous les siens; — mais alors ils n'échap-
paient plus à la tâche de prouver que
tous les attributs que l'idée de Dieu implique, voire son existence, existent réellement.

XI. Reste une dernière preuve que la
plupart des critiques dédaignent même de
toucher; la plus simple cependant, et la plus
convaincante de toutes, parce qu'elle est à
la fois empirique et abstraite, et peut servir
de point d'appui et de preuve définitive à
toutes les autres : Dieu existe parce qu'il
s'est révélé à nos pères; ses paroles et ses
actes recueillis dans un livre sacré, des prophéties, des miracles nombreux et leur
tradition conservée par une église infail-
lible, en font témoignage. Mais que je dé-

couvre un seul cas où l'église me semble
avoir failli ; que ces miracles et prophéties
me paraissent ne sortir pas du domaine des
forces naturelles, ou être communs à toutes
les religions, que je trouve enfin un seul
des actes du Seigneur indigne de sa grandeur et de sa toute-puissance, ma foi est
ébranlée, et cette dernière preuve encore se
réduit à rien ; elle ne répond plus aux besoins de mon intelligence et ne contente pas
ma raison.

XII. Cependant si toutes ces preuves
sont impuissantes à nous donner la certitude de l'existence de Dieu, elles sont également incapables de nous démontrer qu'il
n'existe pas, et ne nous laissent que la con-
viction de leur faiblesse. Que l'athée le
renie parce qu'il n'en a pas la perception
directe et qu'il rejette l'emploi consciencieux
de toutes ses autres facultés et données,
comme un enfant refuse la part qui lui revient parce que le tout ne lui est pas offert.
Ou bien qu'il se rapproche du sceptique en
déclarant ne pouvoir concilier l'infinie bonté

avec le mal, la toute-puissance avec la douleur ; que ce dernier ajoute, par la parole
profonde quoique obscure de Kant, que le
subjectif et l'objectif, l'absolu et le concret,
l'infini et le fini sont inconciliables pour la
pensée ; ils ne nous persuadent à leur tour
que de leur impuissance. L'idée de l'absolu,
le besoin d'une justice suprême, le désir
d'une perfection infinie n'en existent pas
moins, en même temps que la certitude de
notre existence et de celle du monde extérieur.

XIII. Kant rendit un service immense à
la philosophie en montrant par son propre
exemple qu'elle finirait par conclure au
néant de la science en continuant dans la
même voie. La vérité formelle et la vérité
réelle restèrent pour lui sans unité et sans
lien. Il n'entrevit pas que, quelque soient
les résultats de nos réflexions, la vérité
doit être une et non pas double, comme
telle, la récompense de longs, sérieux, souvent pénibles efforts, et non de faciles spéculations. Il n'entrevit pas que les idées abs-

traites pures et les idées empiriques ont
un lien commun dans les lois de la pensée ;
que la preuve abstraite et la preuve empirique intimement unies forment la seule
preuve véritable. Il n'entrevit pas encore
que, de même qu'une facile expérience confirme les vérités mathématiques, une science
parfaite du monde en prouverait le Créateur avec une égale évidence. Il n'entrevit
pas enfin que le travail total, l'expérience
et l'abstraction, soutenus par les lois de la
pensée dans leur action à travers la vie du
genre humain, parviendraient à la connaissance des choses finies et bornées, et que
cette science, quelque lointaine qu'elle soit,
du moment qu'elle serait complète, s'élève-
rait à la hauteur de l'absolu, à la hauteur
de ce qui est et ne peut pas ne pas être
tel qu'il est.

*Preuve de l'existence de Dieu selon l'esprit de la philo-
sophie historique.*

**XIV.** La tradition, les rapports sociaux, le développement de notre science

et de nos sentiments déterminent la nature
et le choix de nos croyances, nous portent
même à les sanctifier par le martyre. Mais
si tous ces mobiles, quelque beaux et puis-
sants qu'ils soient, n'ont aucune force
probante; du moins devons-nous reconnaître qu'au fond de toutes les religions
et théories philosophiques brille toujours,
malgré le voile dont les dogmes et doc-
trines le couvrent, le besoin, la simple
tendance de conclure à l'être absolu, infini, éternel, à une unité fondamentale
quelconque. Besoin incontestable, reconnu
par ceux-mêmes qui nous refusent le
pouvoir de démontrer l'existence de l'absolu.

C'est une conséquence nécessaire de la
nature de la pensée, de ses principes de
connaissance : Rien n'est sans manière et
sans raison d'être, et, cherchant à nous
rendre compte de l'existence des choses,
nous les réfléchissons dans leurs rapports
avec l'espace et le temps. Ceux-ci vides et
stériles, sans substance et sans force pro-

ductrice, équivalant au néant, ne peuvent donc être conçus sans quelque chose qui les remplisse et les mesure. Donnée évidente, mais dont nous sortons du moment que nous définissons ce quelque chose dans sa nature propre, sans nous arrêter à la considération que ce n'est toujours qu'un effet de notre pensée, et que pour faire ce nouveau pas il nous faudrait une nouvelle donnée.

XV. Devant cette simple analyse tombent toutes nos spéculations abstraites au sujet de la manière d'être de ce quelque chose. Est-ce un être particulier, ou bien l'ensemble des choses? est-ce seulement leur substance? est-ce l'un et l'autre, ou n'est-ce, en définitive, qu'un produit de notre imagination? Toute donnée directe nous manque pour arriver du coup à une solution quelconque; revenons donc franchement à l'expérience, et posons la solution selon l'esprit de la méthode générale.

XVI. Ce qu'il y a sûrement dans l'espace et le temps, c'est nous-mêmes et le monde : la matière, le genre humain, de nombreux êtres animés et organiques.

Dans son rapport avec l'espace et le temps, le genre humain, comme espèce, n'a pas habité de tout temps le globe. L'état physique et chimique qui précéda les derniers cataclysmes s'opposait à son existence[1].

Il n'est pas le produit de races qui vécurent antérieurement à son apparition parce que les espèces, du moins les espèces supérieures, sont immobiles. Quelque soient les irrégularités de la génération, elles s'arrêtent à des limites dont les lois sont précises, quoique leur cause soit encore inconnue.

Tous les êtres animés sont le développement d'un type fondamental qui se montre vaguement dans la formation des fœtus, et se modifie sous l'influence du milieu, des climats et du sol.

Le type, engendré par d'autres êtres vi-

[1] Cette question et les suivantes seront traitées spécialement dans les Essais sur la Genèse et l'Homme.

vants, effet fatal d'un acte instinctif, se
trouve en accord avec la nature même des
êtres générateurs : l'effet étant proportionel
et de même nature que la cause aveugle,
le type est donc soumis aux irrégularités,
aux modifications, aux lois auxquelles l'espèce est sujette.

Quelque mal que la science définisse
encore les divers types, ils existent, quand
même ce ne seraient que de simples vésicules organiques. Ils sont, de toute nécessité, en accord avec les qualités et lois
générales du globe, et avec celles des êtres
générateurs. La première vésicule formée
c'est le type; l'accord établi, c'est la vie,
résultante de l'action harmonique des éléments organiques sous l'influence du monde
extérieur.

XVII. Mais les vésicules premières et la
vie dans leur origine et leur principe ?
Deux solutions sont en présence :

La première fondée sur l'apparition dans
de nombreuses décompositions chimiques et
organiques d'êtres vivants qu'on ne voit

précédés d'aucune autre génération. Phénomène qui fait conclure que ces êtres
sont un effet de la matière inanimée, en
même temps qu'il conduit à la supposition
que les diverses espèces ne sont que des
modifications d'un type primitif, par des décompositions et circonstances différentes en
nature et en puissance, qui cessèrent avec
la dernière révolution du globe.

La seconde solution est fondée sur ce
que le nombre des exemples de génération spontanée a considérablement diminué
par les dernières conquêtes des sciences
biologiques. Celles-ci tendent donc à faire
reconnaître que la vie précède toujours la
vie, quelque soient les lois qui règlent sa
reproduction, notre ignorance à leur sujet,
et les formes diverses à travers lesquelles
se développent quelques espèces inférieu-
res. En ce cas, n'ayant pu exister de
tout temps sur le globe à cause de l'état
primitif incandescent, la vie serait donc le
produit d'une cause qui lui est étrangère.
Hypothèse nécessaire, aussi évidente et ré-

solue pour les uns, qu'elle l'est peu pour
les autres, suivant qu'ils sont déterminés
par des motifs religieux ou philosophiques,
étrangers à ces sciences; nos connaissances des éléments générateurs et des conditions vitales ne portent encore aucun
caractère absolu.

XVIII. Quoi qu'il en soit, que les êtres
organiques et animés soient ou non un
effet de l'essence anorganique, l'harmonie
fatale et aveugle entre les besoins de l'animal et ses moyens de les satisfaire,
l'instinct proprement dit, n'existe pas chez
l'homme.

Il a la conscience de son être, qu'il distingue de tous les phénomènes matériels et
divisibles; de sa libre volonté, qu'il sent
régler en dernier ressort tous ses actes
réfléchis; de l'espace et du temps, qui
embrassent la matière et n'ont rien de
commun avec elle; de ses désirs du vrai,
du beau, du bien, qui tendent au delà
de toutes les satisfactions momentanées
que lui procure le monde des sens; son

âme, enfin, ne peut être l'effet d'une cause
dont toutes les manifestations sont étendues, divisibles, fatales, de même nature, et
proportionnelles entre elles, en contradiction
évidente avec toutes ses facultés. Il existe
donc, du moment que l'âme est, et que rien
n'est sans raison d'être, une cause en dehors
de la matière qui l'a produite, puisque
l'homme ne s'est pas fait lui-même, et
que son espèce n'a pas existé de tout temps.

XIX. Mais cette conséquence, qui dérive
surtout de la conscience de notre identité et de notre liberté, n'est irréfutable
qu'en admettant son témoignage et celui du
genre humain. Sinon, elle est fort loin
de pouvoir être parfaitement établie; car
elle ne se fonde pas sur une science directe de toutes les qualités de la matière,
mais sur l'impossibilité où nous sommes de
lui accorder la qualité de produire le moi,
la liberté, des idées plus vastes que tous ses
effets, des désirs qu'elle ne peut satisfaire.
Rien n'empêche de lui accorder quand même
cette puissance. Aussi longtemps qu'il exis-

tera en elle un point inconnu, ce point peut renfermer la raison d'être de l'âme humaine. Les rapports frappants et profonds entre cette dernière et les facultés animales de notre corps, qui ne sont cependant que les leviers de son action, peuvent même conduire à la regarder comme un effet de notre organisme, et celui-ci, comme un produit de la matière.

XX. Hypothèse hardie, mais logique sous cette forme, quoiqu'elle se trouve, au premier abord, en contradiction presque révoltante avec les données les plus certaines de la conscience et de nos perceptions, avec les lois les plus évidentes de la pensée. Elle ne croule que formulée d'une manière absolue : Tout est matière, étendue divisible; elle est infiniment et éternellement, son être est absolu, tout en dérive, tout y retourne; conséquence nécessaire, que la pensée déduit malgré elle; il y aurait le néant là où il n'y aurait point de matière, et le néant, elle ne peut le penser. Cependant, ce ne sera toujours qu'une hypo-

thèse, qui ne nous fait pas même entrevoir
la possibilité de sa solution : si la matière
est infinie et éternelle, nos facultés de connaissance, les rapports entre les facultés
d'abstraire et d'expérimenter, et leurs résultats n'en atteindront jamais les limites, au
delà du connu sera toujours l'inconnu,
susceptible également de toute autre interprétation.

XXI. De plus, la matière absolue détruit
la matière réelle, le monde infini, le monde
extérieur : d'abord dans sa qualité fondamentale, abstraite, l'étendue divisible infinie serait indivisible pour la pensée,
identique avec l'espace, contradiction et
confusion. Ensuite, en accordant l'infini et
l'éternité à la matière, nous l'accordons
forcément aux qualités qui la constituent,
ainsi qu'à leur manifestation dans l'espace et
le temps, à leur mouvement, en un mot. L'astre dont la lumière employa trente millions
d'années pour arriver à notre planète aurait
donc dû y être toujours visible; c'est-à-dire,
cette lumière, en mouvement dans l'éternité,

n'aurait jamais pu commencer par parcourir
cette distance, ce qui est évidemment absurde. Donc, ayant admis de prime abord
l'éternité des qualités de la chose étendue
divisible, nous n'aboutissons à aucun mouvement précis et déterminé : une manifestation quelconque d'une qualité nécessaire,
éternelle, infinie, est nécessairement éternelle et infinie comme la qualité.

Par contre, en admettant que l'immense
époque employée par la lumière de l'astre
ait été précédée par celle de leur formation,
c'est alors cette dernière qui a dû commencer,
pour pouvoir finir, et, avant cette formation,
agissait sa cause, qui en suppose une nouvelle, laquelle une autre, nous n'arrivons
jamais à l'éternité même de la matière.

XXII. Ne confondons pas l'idée abstraite
de mouvement avec le mouvement véritable,
réel. En ne réfléchissant que la première,
elle devient, comme toute idée abstraite des
qualités de la matière, infinie et éternelle
avec cette dernière, mais sans portée objective aucune, et fausse du moment

qu'elle détruit sa donnée réelle : le mouvement perçu et précis, qui ne peut produire, quoique nous fassions, le mouvement éternel et infini. Il n'y a là aucune contradiction, il n'y a que confusion entre la nature de l'idée abstraite et la donnée empirique.

Tout changement a sa raison d'être : pour qu'un mouvement soit, il faut qu'il commence, peu importe notre ignorance du quand et du comment. Dire le mouvement éternel, c'est unir deux termes contradictoires. Où est la raison pour laquelle nous avons précisément un *aujourd'hui*, et pourquoi n'a-t-il pas eu lieu depuis l'éternité ? pourquoi le genre humain n'existe-t-il que depuis quelques milliers d'années ? Il faut nécessairement une cause, quelle qu'elle soit, dont l'action fut aussi précise dans la nuit des temps, que l'est celle du moment actuel. Le mouvement, les changements, les modes et accidents passent, les rapports des qualités de la matière changent continuellement, et l'éternité si elle existe, car nous n'en avons qu'une idée essentiellement négative, est immobile, rien n'y commence, pour pouvoir continuer ou finir.

Tout panthéisme ne repose que sur l'affirmation gratuite de la réalité de l'infini et de l'éternité.

XXIII. Même en suivant Spinoza dans sa définition vague et imparfaite de l'immobilité et de l'éternité de la substance, par la seule idée abstraite pure de l'étendue ; cette substance encore ne résiste pas à la moindre analyse : quelque soient ses qualitées inconnues, elle renferme du moins, et de toute nécessité, la puissance de produire le mouvement; mais tout étant fatal, nécessaire dans la matière, elle aurait donc dû le produire depuis l'éternité, ce qui conduit de nouveau à la destruction de toutes ces manifestations dans les temps, de tous ses modes et accidents; à moins d'admettre que cette prétendue substance de la matière ait été libre de produire le mouvement ou de ne le faire pas; hypothèse ridicule! Que deviendraient le monde, les sciences exactes, et surtout le système, qui n'est élevé que sur

l'enchaînement fatal de tous les phénomènes, si la substance de la matière, les qualités primitives et fondamentales étaient libres?

La substance du monde extérieur, ses
qualités inconnues, n'ont pas plus de valeur en elles-mêmes, que ses qualités nécessaires connues; elles sont dans un rapport intime entre elles; il nous est impossible d'admettre qu'elles puissent être autre
chose que de la matière étendue, divisible,
de nous former une autre idée de sa substance réelle.

XXIV. Une dernière théorie admet l'action d'une cause libre et intelligente, produisant les phénomènes, modes et accidents, dans et par la substance matérielle,
et comme cette dernière, absolue, infinie,
éternelle. Mais les qualités fondamentales
et primitives de la matière, celles qui la
constituent, étant données, il s'ensuit nécessairement leurs effets, leurs rapports,
leur manifestation dans l'espace et le temps,
le mouvement. Admettre l'action d'une

cause libre entre les uns et les autres, c'est sûrement échapper au matérialisme, mais c'est aussi conclure en dépit de notre intelligence. Elles sont inséparables : pas plus de matière sans mouvement, que de mouvement sans matière ; si cette dernière est éternelle, le premier l'est également ; mais il ne saurait l'être sans changer complètement de nature, sans se détruire ; donc l'autre ne l'est pas davantage.

Donc la matière n'est ni éternelle, ni infinie, ni absolue, et, du moment qu'il n'y a rien sans raison d'être, il existe une cause créatrice quelconque qui jeta la base de tous les modes et accidents, en produisant les qualités nécessaires, primitives et fondamentales.

XXV. Ces conséquences sont évidentes ; mais tout concluantes qu'elles soient contre le matérialisme absolu et contre le panthéisme, elles ne le sont guère contre le scepticisme. Misérable tautologie, dirait Kant, vous voulez prouver la justesse des lois de la pensée par une science directe, et vous vous ap-

puyez sur ces mêmes lois! — Certes, si
la nécessité et l'évidence d'une cause primordiale ne sera parfaitement établie que
le jour où la science, le compas et la cor-
nue en main, décrira le matin du chaos;
du moins ces lois nous les démontrons
non-seulement par notre expérience journalière, mais par l'application que nous en
faisons, avec une certitude parfaite, aux manifestations les plus mystérieuses, comme
les plus immenses de la matière. De même
que les lignes, les nombres, les cercles,
quelque indéfiniment grands qu'on les con-
çoive, ne sauraient changer de forme pour
se convertir en l'infini proprement dit, sans
détruire toutes les données des mathématiques et leurs résultats, ainsi les phénomènes
et qualités de la matière ne sauraient changer
de nature sans ébranler toutes les sciences
empiriques; partout limités, conditionnés,
nécessaires; nulle part infinis, éternels,
absolus. En admettant donc leur existence
comme réelle, nous sommes également forcés
d'admettre leur raison d'être comme telle.

XXVI. Hypothèse nécessaire, qui toute
fois ne peut pas être regardée comme prouvée par sa nécessité seule; ce serait là un
véritable cercle vicieux. L'action et la réalité de cette cause doit ressortir avec évidence de toutes nos idées et de toutes nos
connaissances certaines, empiriques et
abstraites. Aucune, sérieusement examinée,
ne doit se prêter à une conclusion contraire,
aucune ne doit produire ou laisser le moindre doute, aucune ne doit lui rester contradictoire. Ce qui n'entraîne pas l'assentiment
de la pensée dans tous ses détails, la laisse
indécise et ne la persuade point !

Ainsi la preuve définitive, comme la preuve
de la nécessité métaphysique d'une cause
primordiale, est soumise à la même marche, au même développement que toutes
nos autres connaissances; c'est toujours le
même cercle s'élargissant sans cesse. Des
données empiriques, nous étant élevé aux
idées abstraites, nous reconnûmes la ten-
dence vers l'être absolu de quelque chose;
revenu aux premières, nous avons dû leur

contester tout .caractère absolu, et conclure
à la nécessité d'une cause créatrice ; laquelle nous ramène à l'expérience, afin de
nous convaincre de la justesse de notre
induction. Cependant, cette partie de la
preuve n'appartient plus à la philosophie,
mais à l'étude des connaissances particulières des hommes, à toutes leurs sciences,
et en général à l'histoire de leurs faits et
gestes. Études nouvelles qui serviront de
nouveau de point de départ aux efforts des
générations futures, et leur permettront de
parcourir la même voie avec plus de succès,
de précision, de profondeur.

XXVII. Telle est la nature de la preuve
par la philosophie historique. Nous n'a-
vons fait que l'ébaucher dans ses quelques
traits principaux. Pour être complète,
évidente, absolument vraie, elle devrait
présenter la science parfaite du monde et
du genre humain. Heureusement, la nécessité d'en arriver à ce point résulte de la
science telle que nous la possédons aujour-
d'hui, et, faire voir la nécessité et la vé-

rité d'une preuve, c'est en démontrer l'objet même.

Le sceptique qui objecterait qu'alors encore la pensée ne sort pas du moi pensant, que toutes les connaissances dépendent toujours de la nature humaine, aurait parfaitement raison : ce cercle, la philosophie historique, loin de le détruire, ne fait que l'étendre; mais tellement que, du moment qu'il conduirait au doute, ce serait au doute absolu, impossible. La certitude de mon existence implique celle du monde extérieur, toutes deux se posent et ne se prouvent point; autour se groupent un grand nombre de connaissances évidentes et certaines; nier les unes, c'est nier les autres; et ce sont elles qui nous conduisent vers la nécessité d'une cause primitive, vers Dieu.

XXVIII. Dans cette voie simple et large, nous ne rencontrons point d'antinomie que nous ne puissions détruire par des données certaines; nous ne commettons pas de cercle vicieux, n'ayant point considéré le monde et nous-même comme contingents, mais comme

nécessaires ; nulle part nous n'avons impli-
qué l'idée même de l'absolu ou celle de la
cause : nous nous étions arrêté à l'affirmation pure et simple d'un besoin vague et
inné.

Du reste, cette cause elle-même nous est
encore inconnue. Est-elle l'être absolu ?
N'engendre-t-elle pas de nombreuses contradictions, en elle-même, dans ses rapports
avec la création et dans les attributs que lui
accorde la pensée, après avoir une fois reconnu la nécessité de son existence?

*Attributs de Dieu.*

XXIX. Il y a un triple intelligible divin.
Le premier dérive des rapports des principes
de connaissance, le second des désirs innés
de la faculté d'amour ; l'un tend à conclure
à l'être infini, éternel, absolu, abstrait, l'autre à l'être souverainement parfait ; aucun
n'est une preuve de son existence, mais tous
deux nous portent à le concevoir de l'une ou
l'autre manière, ou des deux à la fois, comme

aussi à le nier, au nom de ces mêmes principes et désirs, par ce que ce rapport offre
d'incomplet et de contradictoire. Le troisième
enfin repose, non sur la réflexion de quelques idées abstraites, ni sur le développement de nos sentiments, mais sur la science
directe de toutes les données de l'intelligence,
sur leur accord parfait, soit entre elles, soit
avec la nature humaine et les attributs divins.

XXX. Dieu, comme cause, fut absolument
libre de créer ou de ne créer pas, complètement indépendant de la nature de ses effets.
Sans la liberté, le monde n'eût été qu'un
effet nécessaire, et il n'y aurait plus de raison pour que l'existence des qualités primitives et fondamentales, l'enchaînement de
tous les phénomènes, ne fussent éternels
comme leur cause.

Dieu comme cause est unique. Le monde
dans tous ses éléments forme un ensemble
soumis à trois lois fondamentales : somme
de qualités, enchaînement de rapports, existence dans l'espace et le temps. L'harmonie

préétablie entre les lois qui dérivent de la
nature de la pensée, et celles régissant les
rapports des qualités de la matière, le con-
firment empiriquement. Quant à la preuve
de deux infinis qui s'excluent, elle n'a aucune valeur objective, parce qu'elle ne renferme aucun élément de science directe,
l'infini n'étant qu'une négation : du reste,
l'objection que deux infinis absolument différents de nature ne sauraient s'exclure. la
réduit à rien.

Dieu unique est l'Être absolu. Il devient
infini et éternel pour la pensée, parce qu'elle
ne découvre ni en elle ni dans le monde la
possibilité de l'existence d'un autre être. Il
remplit donc le néant de l'espace et du
temps. Comme tel, il est en tous temps et
lieux, sans bornes et sans commencement,
parce que le néant ne saurait être admis par
la pensée. Comme tel encore, il ne peut être
ni plus, ni moins, ni ici, ni là, sinon il ne
serait pas l'Être absolu, il est donc également tout entier en chaque temps et lieu.

XXXI. Dieu est tout-puissant. Produire

un monde qui n'existait absolument pas, le
tirer du néant sans le moindre rapport avec
sa nature propre, sans autre motif qu'une
volonté entièrement libre, dépasse notre intelligence et les lois auxquelles elle est soumise.

Cause libre et toute-puissante, Dieu est
intelligence pure et personnelle. Point de
liberté sans choix; point de choix sans conscience de son être et du pouvoir de faire
ou de ne faire pas; point de création sans
conception antérieure, nécessairement libre
et toute-puissante comme l'acte.

Intelligence pure et toute-puissante, Dieu
est toute perfection; point de faux, point
d'erreur, point d'imperfection en lui; le vrai,
le beau, le bien sont nécessairement identiques dans sa toute-puissance.

Comme tel Dieu est tout amour : le vrai
ne devient le beau que par l'amour; le
vrai et le beau dans les actes ne deviennent
le bien que par l'amour; la vérité absolue
suppose l'intelligence toute-puissante, de
même la beauté et la bonté suprêmes sup-

posent l'amour infini; c'est vers lui que
rayonnent nos désirs innés et sans bornes.

XXXII. Chacun des attributs de Dieu ainsi
posé, renferme cependant un élément contradictoire à notre science des lois de la
pensée et à celle des choses : Dieu est l'u-
nité absolue, et il a produit le multiple; il
est absolument infini en tous sens, et nous
existons également en dehors de lui; il est
tout entier en chaque temps et lieu, étendu
et non étendu à la fois, il dure et ne dure
point en même temps ; il a tiré le monde
du néant, et nous ne concevons la production de rien; il est l'intelligence infinie,
donc le choix libre de l'homme est prévu ;
il est toute perfection, et l'erreur, le mal,
la douleur existent: il est tout amour, et
il n'y aurait point de rémission pour le mé-
chant !

XXXIII. Ce ne sont point là des mys-
tères, ce sont des contradictions. Les attributs divins, aussi bien que ces antinomies
sont un produit des lois de la pensée. Les
lois en elles-mêmes sont vraies et absolues,

mais la science que nous en avons est imparfaite et l'application que nous en faisons
est fausse, de là les contradictions. Notre
intelligence a des limites, en raison des-
quelles Dieu nous est incompréhensible ;
mais du moment qu'elle agit, elle est une, et
ne saurait produire des effets également
vrais, dont les uns seraient la négation des
autres. La faute en est donc à nos efforts,
à notre science, non à notre intelligence.

XXXIV. De quel droit affirmons-nous
que l'Être absolu est en tous temps et lieux,
et tout entier en chaque temps et lieu? En
soumettant l'existence divine à nos idées
de l'espace et du temps, auxquels nous
donnons par cela même une valeur objective que nous sommes loin d'avoir prouvée[1].

Le principe de connaissance ne nous enseigne rien au delà de l'étendue et de la
durée indéfinie, lesquelles ne deviennent
l'éternité et l'infini que parce qu'étant une
loi de connaissance, nous pensons toujours

[1] La Méthode, LXV.

en dehors de l'étendue divisible, l'étendue
indéfinie; en dehors des époques, la durée,
et qu'en dehors d'eux nous ne saurions
imaginer aucune chose ; ce qui cependant
ne leur donne en rien encore une réalité
objective.

En face de l'Être absolu l'espace et
le temps s'annihilent. L'être qui serait
étendu et non étendu à la fois, également
ment dans le passé, le présent et l'avenir,
est impossible; le présent seul est, le passé
n'est plus, le futur n'est pas encore; rien
ne peut être dans ce qui n'est pas ; rien
ne peut avoir et n'avoir pas à la fois une
même qualité, un même attribut. Ou bien
donc l'Être absolu n'est pas, ou bien il détruit toute la valeur objective de l'espace et
du temps, et les réduit à leur juste valeur,
à n'être qu'une des trois lois fondamentales
d'après lesquelles sont créées et d'après lesquelles nous percevons et pensons les choses.

L'espace et le temps ne sont donc distincts
des choses, qui existent selon leur loi, que
comme connaissance innée dans la pensée.

Nous ne rappellerons pas, pour le prouver, le néant de l'espace et du temps comme êtres purs, sans substance et sans causalité; nous n'insisterons pas encore sur cet argument connu : si toutes nos mesures du temps ou des grandeurs, tous les mouvements et tous les rapports des choses augmentaient ou se retardaient, ou bien, diminuaient d'une quantité égale, nous ne nous en douterions point. Quant à l'argument de Locke : Il n'est pas nécessaire de prouver l'existence du vide pour prouver l'existence de l'espace, il suffit de montrer qu'on distingue entre l'idée du vide et celle des corps; il perd tout son poids, par la simple remarque que la loi de connaissance de l'espace se formule par l'idée de l'étendue indéfinie, idée négative, sans valeur objective et fort distincte de l'idée abstraite d'étendue divisible, qui est positive, possède une valeur objective et représente la qualité fondamentale du monde extérieur. En considérant cette idée seule, abstraction faite de toutes ses qualités possibles, nous la nom-

mons le vide absolu; mais il n'est pas
prouvé par là que ce vide existe, ni même
qu'il pourrait exister; au contraire, l'idée de
la réalité d'un vide absolu est contradictoire
à la nature de la pensée même, elle conduirait au néant, qui n'est pas, et ne peut être
pensé. Nous n'avons l'idée que d'un vide
relatif.

XXXV. La nature divine n'est point soumise aux trois lois fondamentales de l'intelligence humaine.

Dieu, Être absolu, n'est pas étendu et ne
dure point. L'espace et le temps ne sont
que la formule du principe de connaissance
innée des rapports universels des choses
qui sont étendues et qui durent. Dieu donc
est en dehors de l'espace et du temps,
plus qu'éternel, plus qu'infini, Celui qui
est.

Être absolu : il nous est impossible de
chercher une cause à celui qui ne peut pas,
et ne pouvait pas n'être pas. Sa raison
d'être est en lui et par lui, et s'il nous est
incompréhensible en tant qu'il renferme sa

raison d'être en lui-même, c'est là une seconde limite de notre intelligence, de même
nature que celle qui nous empêche de
comprendre l'existence d'un être en dehors
de l'espace et du temps; ce sont des limites,
non pas des contradictions.

Dieu est encore l'être absolument identique, sans qualités, sans manifestations diverses et sans substance. L'essence absolue
ne saurait être plus, ni moins en aucune
chose, ni diverse en aucun de ses attributs;
sinon elle perdrait son caractère absolu de
ne pouvoir n'être pas dans tout son être.

Dieu donc est plus que toute-puissance,
il est acte pur et absolument libre; il est
plus qu'intelligence toute-puissante, il est
perception pure, sans durée, immobile,
dans laquelle rien ne change ni ne passe;
il est plus que perfection souveraine, il est
amour pur et infini; amour, perception,
actes identiques en tous sens, l'Unité absolue.

Ainsi chacun des attributs de la nature
divine renferme un double élément, l'un

positif, qui nous est incompréhensible,
l'autre négatif, relatif à nos connaissances
et à notre propre perfection.

XXXVI. Chose admirable, la destinée
de l'homme et du genre humain se découvre jusque dans notre impuissance de
comprendre l'essence simple et parfaite.
Ces principes de connaissance et d'amour,
en vertu desquels l'esprit humain parvient
à la science du monde et de lui-même;
ces principes qui le forcent à tendre, [1] sous
n'importe quelle forme, vers l'être absolu,
perfection souveraine, ces mêmes principes l'empêchent également de le comprendre avant qu'il n'ait développé entièrement ses facultées, rempli sa destinée.
Notre science de Dieu reste toujours relative à nos efforts. Ce n'est que parvenus
à la science de toutes choses que les
hommes comprendront véritablement la
toute-puissance, la toute intelligence et
l'infinie bonté. Et alors encore ce ne sera

[1] XIV.

qu'une science indirecte, relative; l'intelligence même de la nature divine ne peut être que le résultat de la perception directe. Dieu est la grande croyance dont la certitude est le but du genre humain.

XXXVII. Nos inductions ne peuvent nous porter au delà de l'affirmation de l'essence simple et absolue. La nature divine, entièrement différente de la création, non soumise à ses lois, non limitée par elles, échappe à toute analyse, et les premiers pas de la pensée vers une intelligence plus profonde sont un retour sur elle-même. Ainsi qu'une flèche lancée contre un mur de granit s'émousse et retombe, ainsi la pensée arrivée à l'unité et à la simplicité absolues n'en pénètre point la nature, se brise en éléments et rapports d'idées conçues dans le temps, et engendre les trinités divines. L'Être absolu, plus qu'éternel, plus qu'infini, perception, amour et acte purs, à nous incompréhensible, redevient toute-intelligence, toute-puissance, toute-perfection : l'un de ces attributs, engendré

par l'autre, le suppose, lui est identique, et
cependant, ils sont évidemment différents
pour nous dans la même unité; et chacun
d'eux est triple encore.

XXXVIII. Comme intelligence souveraine, omnisciente, Dieu est immobile,
perception pure et infinie; il ne saurait
changer, ce serait grandir ou perdre; et
cependant il renferme en lui la vue de sa
propre grandeur, celle du monde en dehors
de la création, et celle du monde tel qu'il
existe dans l'espace et le temps. Chacune
est différente de l'autre; les identifier, c'est
tomber dans le chaos du panthéisme. Par
la première, Dieu se voit lui-même; par la
seconde, il voit le monde tel qu'il fut, est et
sera : ayant conçu les idées fondamentales
des choses, il conçut également tous leurs
rapports, toutes leurs conséquences nécessaires, toutes leurs manifestations dans l'espace
et le temps; par la dernière enfin, il voit le
monde tel qu'il est en ce moment. Si toutes
les trois étaient identiques, la création conçue par Dieu serait non-seulement en lui

et par lui, mais lui-même, et la création voulue serait identique avec la création conçue. Dieu ne pourrait se distinguer du monde conçu librement en lui et par lui, ni celui-ci du monde créé par lui, en dehors de lui. Nous verrions tout en Dieu, et Dieu verrait tout en lui; nous ne serions que des phénomènes et non des êtres réels.

XXXIX. Cette triple science de Dieu éclaire et rectifie les conséquences obscures ou erronées déduites de sa toute intelligence ou prescience de nos actes libres. Antérieurement à la création, plutôt en dehors d'elle, Dieu conçut, non pas l'homme, mais le genre humain tout entier, composé d'êtres libres, capables de toutes les actions possibles dans la limite de leur nature. Dieu veut que le genre humain soit, et il en crée la première génération. — Je suis, je puis faire telle action ou telle autre; Dieu vit les deux, et maintenant il voit celle que je choisis. Admettre qu'antérieurement à mon existence il n'a vu que cette dernière, c'est admettre qu'il me conçut capable d'elle seule,

non libre. Croire, au contraire, qu'il vit à la
fois et ces deux actions et celle que j'accom-
plirai, c'est admettre qu'il me voit en lui,
et non comme existant en dehors. Aller plus
loin encore et soutenir qu'il vit à la fois les
deux actes possibles : l'acte choisi par moi
conditionnellement, le même qu'il me voit
faire maintenant en réalité, c'est prétendre,
au moins, que Dieu a pu commettre un acte
inutile, soit le premier, soit le second, ou
faire de la création un jeu indigne de sa
grandeur.

Donc Dieu a prévu toutes les actions possibles des hommes, tant celles qui sont les
conséquences nécessaires de leur nature, que
celles qui dérivent de leur libre arbitre ; il
a prévu les unes et les autres, tous leurs
actes possibles dans le cours de leur développement historique ; il voit maintenant ce
développement tel qu'il est, les choix et
actes que nous faisons. Laquelle de ces
sciences est la plus immense, laquelle est la
plus digne de Dieu ?

Et la preuve que Dieu a soumis sa pres-

cience à sa science même, c'est qu'il a
également soumis son action toute-puissante, par suite sa perception dernière,
aux lois fondamentales selon lesquelles il
conçut le monde. La matière, son organisation, son animation, l'apparition de
l'homme eurent lien dans leur ordre, dans
l'espace et le temps.

XL. Aussi, conséquence nécessaire, dé-
couvrons-nous en lui une triple puissance,
comme une triple science. Sa toute suffisance comme Être absolu et absolument
libre; sa toute-puissance comme conception
de tous les mondes possibles; sa toute-puissance comme réalisation des mondes voulus.

Dieu se voit, il sait qu'il est, seul et unique; il réfléchit sa grandeur propre et sa
toute-puissance; en vivifiant le néant dans
sa pensée, ce n'est pas l'unité qui produit
le multiple, c'est l'unité restant une et indivisible qui, voyant en elle sa puissance
et sa liberté, conçoit tous les mondes possibles; et sa puissance en elle-même n'est ni

plus ni moins grande, et les mondes conçus n'existent pas encore, ils sont en elle et
par elle.

Et Dieu veut que le monde conçu par
lui soumis aux lois de substantialité, de
causalité, d'existence selon l'espace et le
temps, soit en dehors de lui; et le monde fut.
Et Dieu soumit sa propre action, dans l'œu-
vre de la création, à la nature de celle-ci,
parce qu'elle fut digne de lui. Et le monde
créé n'est pas le fini limitant l'infini, ou l'infini sorti de lui-même; c'est ce qui pouvait
ne pas être existant à côté de ce qui est par
soi-même; c'est l'effet considéré en lui-même,
à côté de la cause absolument indépendante
et différente de nature.

XLI. Dieu créa-t-il d'autres mondes encore, ou tous les mondes possibles?

La solution présentée par Leibnitz, que
Dieu, en vertu de sa toute perfection, dût
choisir le meilleur de tous les mondes possibles, gratuite aux yeux de Candide,
tombe devant l'analyse d'une philosophie
sérieuse. Pour pouvoir choisir, Dieu dût

concevoir; or, les mondes non conçus par
lui ne sont pas possibles, parce que sa conception seule peut leur donner l'être de
leur possibilité; et d'ailleurs, en vertu de la
toute perfection même de son intelligence,
Dieu aurait dû concevoir un seul meilleur
monde, non tous les mondes possibles.
En premier lieu, dans sa toute suffisance,
il y a choix entre la conception et la non
conception de tous les mondes possibles,
chacun parfait dans son ordre et dans son
genre, tous plus ou moins parfaits dans leurs
rapports entre eux, mais sans rapport aucun avec la toute perfection même de Dieu,
absolument différente. En second lieu, il y
a libre création des mondes voulus. Le
nôtre est le mieux possible tel qu'il est, et
tel que les hommes l'ont fait à leur tour.
Quant aux autres mondes, ceux dont nous
n'avons ou ne pouvons avoir aucune donnée directe, ils n'existent pas pour nous.

XLII. De la toute perfection de Dieu résulte sa troisième trinité : toute-vérité, toute-
beauté et toute-bonté, identiques dans l'a-

mour pur et infini, cependant différentes.

Toute-vérité : ce qu'il n'a pas conçu ne saurait exister, serait sans raison d'être, donc impossible ; la science de toutes choses se trouve en lui.

Toute-beauté : ainsi que toutes les choses sont également vraies en elles, elles sont également belles ; si l'erreur et la négation proviennent de notre ignorance, la laideur ou l'indifférence dérivent de l'imperfection de nos sentiments, de notre ignorance encore. Dieu donc, source de l'harmonie fatale et universelle, de l'accord profond qui règne dans tous les éléments de ce monde, est comme tel toute beauté en lui-même ; la beauté créée ne saurait être qu'un reflet de la sienne propre, toute différente qu'elle soit.

Comme tel, Dieu est de toute nécessité amour pur ; si l'intelligence est la cause du vrai, l'amour seul engendre le beau, c'est-à-dire le vrai qui attire, élève et transporte. Devant Dieu, science infinie, les choses sont également belles et parfaites,

donc la science infinie entraîne l'amour
sans bornes.

Toute-bonté : Dieu l'est nécessairement,
parce qu'il est à la fois l'être absolument
libre et puissant, toute science et tout
amour. Mais son infinie bonté n'éclate que
dans la création de l'être libre à son image,
indépendant de lui par la volonté, et par
cela seul méritant. Ce sera le triomphe
éternel de l'Église chrétienne d'avoir senti
tout l'amour qu'il fallut à Dieu pour créer
l'homme capable de produire l'erreur, le
mal, la souffrance, si contraires à la divine
nature; mais capable, par cela seul aussi,
de mériter le bonheur éternel.

Le monde fatal et aveugle n'a point de
mérite, point de valeur, point de beauté
propre, tout lui vient de la volonté divine.
L'animal, dont le système nerveux est le
moteur par sa sensibilité que nous appelons plaisir dans les actes favorables à son
organisme, douleur dans ceux qui lui sont
nuisibles, n'est qu'une machine, admirable
sans doute, mais une machine incapable du

bien et du mal, éprouvant la douleur, mais
aussi le plaisir, et non la souffrance ; végé-
tant sans avoir conscience de la valeur de
son être, sans espérance comme sans déses-
poir. Nous renouvelons sans crainte l'opinion de Platon et de Descartes.

XLIII. L'homme est une intelligence immortelle et libre, perfectible par les organes
d'un corps soumis aux lois du monde animal, et destiné à s'élever par ses efforts à
la connaissance et à l'amour du Créateur
et de ses œuvres.

Dieu, dans son infinie bonté, donna à
l'homme une âme immortelle ; non parce
qu'elle est une essence identique pour nous,
que nous ne pouvons, par suite, nous en
figurer la divisibilité ou la mort (la mort
n'étant que la division des parties constituant
un tout vivant, le retour des éléments organiques aux éléments primitifs), mais parce que
Dieu est bon, et qu'il n'aurait pu mettre en
nous cette aspiration continuelle vers une
existence meilleure, ces désirs innés du vrai,
du beau et du bien absolus, ces principes et

lois de connaissance qui nous forcent de conclure à son existence, si réellement il ne nous avait destinés à la vie et au bonheur éternels.

XLIV. Nous n'avons ni le génie ni les droits des St-Augustin et des Bossuet, pour oser expliquer la Trinité chrétienne; mais en Dieu créateur, en Dieu amour, compatissant à nos souffrances, et en Dieu vérité, se révélant à nous au dernier jour, il y a une dernière trinité dans l'Être unité pure et absolue. Les trois sont un et même Dieu, et cependant Dieu est nécessairement différent de lui-même, pour nous, en chacune de ces trois manières d'être. Il est évident que si nous pensions Dieu libre et créateur absolument identique avec Dieu compatissant à nos douleurs, et tous deux identiques avec Dieu se révélant au dernier jour, la création du monde, le genre humain et le temps disparaîtraient dans cette unité absolue. Dieu Père, créateur, engendra donc en lui le Fils, Dieu amour des hommes, et du Père et du Fils procède le

Saint-Esprit, la révélation de Dieu au dernier jour. Les trois sont un et même Dieu, coéternels en majesté et en gloire, et cependant autre est le Père, autre est le Fils, autre le Saint-Esprit en Dieu même [1].

Malheureusement nous sommes loin de pouvoir prouver par là que Dieu amour soit le Christ, le Messie et le Rédempteur, et Dieu vérité le Saint-Esprit, consolateur et soutien de l'Église jusqu'à la consommation des siècles. C'est là un devoir qui incombe à la religion et non à la science; pour celle-ci le Christ restera le sublime représentant d'une époque de réaction morale dans les sociétés païennes et orientales, et le Saint-Esprit le symbole de l'inspiration religieuse, jusqu'au moment où le doute ne sera plus possible.

La bonté de Dieu, plus qu'infinie presque, dans le sacrifice de son Fils, eût été imparfaite en créant l'homme, trop faible pour se relever par lui-même.

[1] Le symbole de St-Athanase définit la Trinité chrétienne, dans ce sens, avec une netteté merveilleuse.

**XLV.** Quoiqu'il en soit, il n'y a pas, il ne peut y avoir de contradiction entre la nature humaine et la bonté et puissance infinies de son créateur.

L'homme, comme nous le verrons dans la suite, reçut à son origine tous les moyens nécessaires pour atteindre sa destinée ; mais il fut libre et engendra le mal et l'erreur.

Et l'homme fut d'autant plus grand, qu'il fut plus capable de bien et de mal.

Il fit des mêmes instincts de son corps les affections les plus belles, les vertus les plus sublimes, comme aussi les vices, les passions et les crimes.

Son action et ses effets vibrent à l'infini, et dans la société qui l'entoure, et dans les enfants qu'il engendre. Nous sommes entièrement pour les générations qui nous suivront, ce que les premières furent pour nous.

Le genre humain se punit lui-même ; le mal que nous faisons, s'il ne retombe sur nous, retombe sur les autres.

Mais chacun sera récompensé en propor-

tion de ses libres efforts vers le vrai, le
beau, le bien, selon les leviers que lui
offrent et sa nature, et l'éducation, et l'état
social.

Dieu est l'infinie Bonté!

Et non-seulement envers chacun indi-
viduellement, mais encore dans sa création du genre humain tout entier, qui, en
vertu de lois immuables dérivant de sa nature et présidant à son développement historique, remonte fatalement à travers l'expia-
tion de ses souffrances accumulées volontai-
rement dans les siècles, vers sa destinée
primitive, la connaissance et l'amour du
créateur et de ses œuvres.

Et la perception de Dieu est possible,
tout incompréhensible que nous soit sa nature. La perception, véritable vue de l'âme,
est spontanée, sans durée. Au delà de la
perception de l'Être simple, tout intelligence, tout puissance et tout perfection,
il n'y a plus rien : plus de rapports, plus de
durée, plus d'étendue, plus d'efforts, plus
de science possible. La pensée, l'action de

l'âme dans le temps, devient inutile; elle a
rempli sa mission en nous faisant mériter
la perception unique et sublime de Dieu et
de ses mondes.

# TABLE DES MATIÈRES

———

## LA MÉTHODE.

*Des facultés de la pensée.*

# DIEU.

FIN DE LA TABLE DES MATIÈRES.

# ERRATA

---

| Page | Ligne | *au lieu de* | *lisez* |
|------|-------|--------------|---------|
| 12 | 10 | ; plus | . Plus |
| 24 | 17 | perception | perceptions |
| 44 | 3 | conquêtes les | conquêtes ils les |
| 123 | 12 | pas. En | pas, en |